JN109528

基本の本

知識ゼロから
わかる

物流センター

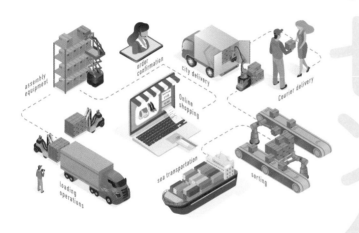

刈屋 大輔
物流ジャーナリスト

ソシム

物流センターの基本

物流センターの構造の基本

物流センターの業務を支える設備・機器の基本

入荷、検品、格納業務の基本
物流センターの業務（I）

ピッキング、流通加工業務の基本
物流センターの業務(2)

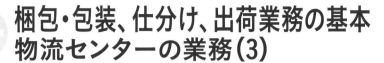

6· 梱包・包装、仕分け、出荷業務の基本
物流センターの業務（3）

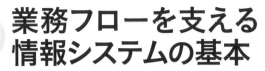

業務フローを支える
情報システムの基本

8. 物流センターの最新ソリューション

1章

物流センターの基本

本書のテーマである「物流施設（物流センター）」は、物流6大機能のうち、
「保管」「荷役」「流通加工」「梱包・包装」の4つを担っています。
もちろん、残る2つの機能「輸配送」「情報管理」とも無関係ではありません。
この章では、物流施設がどんなところにあり、
どんな業務を行っているのかを、
図解や写真をまじえて説明していきます。
まずは、物流全体の中で物流施設がどのように
機能しているかを理解してください。

物流6大機能のうち 4つを担う

「物流」は、「Physical Distribution」という言葉の和訳である「物的流通」の略です。物流とは、輸配送、保管、荷役、流通加工、梱包・包装、情報管理といった活動の全体を指しており、この6つの活動は「物流の6大機能」と言われています。

物流の6大機能はそれぞれ、「輸配送＝モノを目的地まで運ぶ」、「保管＝モノをためておく」、「荷役＝モノを移動する（動かす）」、「流通加工＝モノを要望に応じて加工する（手を加える）」、「梱包・包装＝モノを破損や汚れから守る」、「情報管理＝モノの動きや数を把握する」ことと説明できます。

本書のテーマである「物流施設」では、上記6つのうち、「保管」「荷役」「流通加工」「梱包・包装」の4つの機能を担っているとされています。物流施設では、人（作業スタッフ）や機械（マテハン機器＝詳細は3章参照）、コンピューター（情報システム）などを動かすことによって、4つの機能を満たしています。

物流施設は「輸配送」にとっても欠かせない存在です。モノを目的地まで運ぶために用いられる自動車（トラックやバイク）や船舶、航空機などにモノを積み込んだり、モノを降ろしたりする「荷役」の機能がないと、「輸配送」は実行できないからです。また、物流施設はモノだけでなく情報（データ）が集積する場所であるため、「情報管理」にとっても重要な役割を果たしています。その意味からすると、物流施設は「物流の6大機能」すべてをカバーしていると言えるかもしれません。

物流の6大機能

モノを目的地まで
運ぶ

輸配送

モノを要望に
応じて加工する

流通加工

モノを移動する

荷役

情報管理

モノの動きや
数を把握する

梱包・包装

モノを破損・
汚れから守る

保管

モノをためておく

物流施設は「保管」「荷役」「流通加工」「梱包・包装」の4つの
機能を担うとされているが、「輸配送」「情報管理」の機能
と無関係なわけではない

物流コストの45%が「物流施設」で発生する

物流の6大機能である「輸配送」「保管」「荷役」「流通加工」「梱包・包装」「情報管理」のそれぞれの機能で発生する作業や活動に掛かる費用は、総称して「物流コスト」と呼ばれています。物流コストは「輸送費」「保管費」「包装費」「荷役費」「物流管理費」といった費目で管理されることが一般的です。

企業の物流担当者に自社の物流コストの内訳を尋ねてみると、「輸送費が全体の5〜6割を占めていて、残りが他の費目の合計」といった、ざっくりとした答えが返ってくることが多いのですが、それはあながち間違いではないようです。実際、物流関連の業界団体である日本ロジスティクスシステム協会（JILS）によれば、物流コスト全体に占める各費目の割合は、「輸送費」55.2%、「保管費」15.7%、その他（「包装費」「荷役費」「物流管理費」）29.1%となっています（2020年度調査）。例年その構成比は大きく変わりません。

物流施設で発生しているコストは、物流コスト全体から「輸送費」を除いた部分であると捉えることができます（「流通加工」のコストは「荷役費」に含まれる）。2020年度の調査結果では、その割合が全体の約45%に達しています。

物流施設で発生しているコストは決して小さくありません。物流施設では、コストを抑制・削減するため、「保管」「荷役」「流通加工」「梱包・包装」の生産性向上を目的としたさまざまな試みが展開されています。その詳細については、2章以降で説明していきます。

「輸配送」「保管」「荷役」「流通加工」「梱包・包装」「情報管理」の それぞれの機能で発生する作業や活動に掛かる費用

（費目別）

「輸送費」…………… トラック、航空機、船舶、鉄道などでモノを運んだ 時に発生するコスト

「保管費」…………… モノを物流施設などで一時的もしくは長期的に預 かってもらう際に発生するコスト

「包装費」…………… モノを梱包したり、包装したりする際に発生する 資材購入や作業のコスト

「荷役費」…………… モノを動かすのに発生するコスト

「物流管理費」…… 情報システムの利用など管理系業務で発生する コスト

物流コストの物流機能別構成比

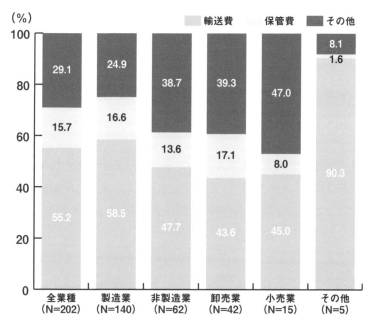

出典）日本ロジスティクスシステム協会　2020年度物流コスト調査報告書【概要版】

倉庫？ 物流センター？ さまざまな呼び方

1-03

　物流施設にはさまざまな呼び名がついています。読者の皆さんはどのくらいご存知でしょうか？　新聞や雑誌の記事、ウェブサイト、実際の物流施設に掲げられている看板などで、一度は目にしたことがあるはずです。以下にその代表例を挙げます。

　「上屋」「倉庫」「物流センター」「流通（ディストリビューション）センター」「ロジスティクスセンター」「SCM（サプライチェーンマネジメント）センター」「商品管理センター」「ヤード」「ターミナル」「配送センター」「配送デポ」───。会社組織の便宜上、「支店」や「営業所」と表記されている物流施設も存在します。

　呼び名の前後には、会社名や、施設の所在地を示す地名、施設が担当するエリア名などがついています。「横浜倉庫」「千葉物流センター」「○×会社首都圏ロジスティクスセンター」「埼玉配送センター」「千代田区配送デポ」といった具合になります。

　どんな物流機能を果たしているのかを、施設名からある程度推察できます。例えば、「倉庫」はモノの保管。「ターミナル」は輸配送の準備のためにモノを動かす荷役（仕分け業務）に重点が置かれた物流施設です。

　もっとも、「物流センター」や「配送センター」のように、保管機能の有無などが呼び名からは判別できない物流施設もあります。その場合には、実際に施設に足を運んだりして、担っている機能や役割を確認しなければなりません。

物流施設の名称の代表例

物流施設の「名称」は、施設としての機能や役割、管轄エリアなどを示している

アルプス物流の「横浜営業所2号棟」

「横浜」に所在する「営業所」機能を兼ね揃えた「2棟目（＝2号棟）」の物流施設
出典)アルプス物流ホームページ

ESRの「川崎夜光ディストリビューションセンター」

「川崎の夜光」という場所に立地するDC機能を担う物流センター（物流施設）
出典)ESRホームページ

日本ポート産業の「神戸魚崎冷蔵倉庫」

「神戸市の魚崎（東灘区）」にある冷蔵機能を有する倉庫
出典)上組ホームページ

富士物流の「筑波物流センター」(仮称)

「筑波周辺エリア」(施設の所在地は稲敷郡阿見町)をカバーする物流センター
出典)富士物流ホームページ

エスライングループの「小牧物流センター」

「小牧エリア」(所在地は愛知県丹羽郡大口町)をカバーする物流センター。名称に記載はないが、路線便のターミナル機能も有する
出典)エスライングループホームページ

福山通運の「福井越前営業所」

「福井県越前市」に立地する営業所。路線便の集配だけでなく、倉庫機能を持つ
出典)福山通運ホームページ

保管機能に重点を置く「倉庫系」、荷役機能が中心の「輸配送系」

　物流施設は大きく「倉庫系」と「輸配送系」に分類すると理解しやすいです。倉庫系は、モノをためておく「保管」の機能に重点が置かれています。倉庫系の物流施設では、敷地内や建物内に広大なスペース（面積的にも容積的にも）を確保することで、より多くのモノを保管できるようにしています。倉庫系の物流施設の多くが、平屋建てではなく、多層階の構造になっているのは、たくさんのモノを保管するためにほかなりません。国土の狭い日本ではその傾向が顕著です。

　倉庫系の物流施設では、保管のほかにも、「荷役」や「流通加工」、「梱包・包装」といった物流機能を担っています。ためておいたモノを出荷できる状態にするまでの作業、すなわち、モノを目的地まで運ぶ「輸配送」の前工程を担当しています。

　一方、輸配送系の物流施設は「荷役」の機能が中心です。モノを保管することもありますが、倉庫系とは異なり、その期間は数日間だったり、数時間だったりと、あくまでも"一時的"にすぎません。原則としてモノは施設にたまらずに通過していきます。保管の機能を必要としないため、施設は平屋建てであるケースが大半です（ただし、近年は多層階建ての上階部分に保管機能を持つ輸配送系の施設も増えてきています）。

　トラック輸送サービスで使用される「ターミナル」は、各方面から集めたモノ（荷物）を送り先の方面別やエリア別に仕分けるという荷役を行うための物流施設です。「配送センター」や「配送デポ」はある特定エリアを対象に、例えば小売店舗などの目的地にモノを届けるために店舗別にモノを仕分けしたりする機能を担っています。

「倉庫系」の物流施設

シーアールイーの「ロジスクエア大阪交野」

2021年3月に竣工した大型物流施設。敷地面積約36,000㎡、延べ床面積約80,000㎡の4階建て。上層階部分にトラックが直接乗り入れできる構造(ランプウェイ)になっている

写真出典)シーアールイーホームページ

「輸配送系」の物流施設

西濃運輸の「成田支店」

西濃運輸では近年、倉庫棟を併設する輸配送系ターミナル拠点を増やしている(上写真の建物左側が倉庫棟)
輸配送系の物流施設はプラットフォームのスペースが広い
出典)西濃運輸ホームページ

広い用地の確保できる
郊外に立地

　倉庫系の物流施設では、より多くのモノを保管するため、広大なスペースを確保する必要があることは前項で触れました。そのため、倉庫系の物流施設は、広い土地（用地）があり、かつ土地代が割安になる臨海部や郊外のエリアに立地していることが多いという特徴があります。

　物流施設では、業務遂行による騒音の発生や、「輸配送」を担うトラックの頻繁な出入りなどがあります。24時間365日体制で稼働する施設も少なくありません。住宅が密集する街の中心部などから離れた場所に物流施設を置くのは、地域住民の生活・暮らしの快適性や安全性に配慮するためでもあります。

　もっとも、臨海部や郊外であれば、物流施設はどこに進出しても構わないわけではありません。物流施設の立地は、都市計画法や建築基準法といった法律によって明確に制限されています。

　都市計画法では、市街化を抑制すべき区域とされる「市街化調整区域」での倉庫系の物流施設の開発は認められていません（例外的な措置については次項で説明します）。倉庫系の物流施設が進出できるのは「市街化区域」のうち、「準住居地域および商業系・工業系用途地域」とされていますが、現実的には工業系用途地域の「工業専用地域・工業地域・準工業地域」となっています。例えば、東京都大田区の場合、右図のように、物流施設が進出できるエリアは臨海部を中心に設定されています。
　物流施設が一定のエリア内に集積していることが多いのは、そもそも開発できる用途地域が限定されているからなのです。

物流施設の立地に関する都市計画法上の体系概念

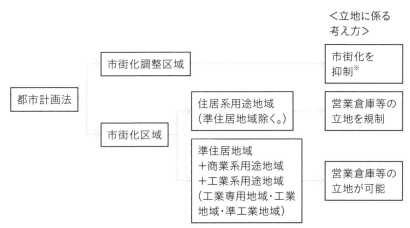

＜立地に係る考え方＞

- 市街化調整区域 → 市街化を抑制※
- 都市計画法
  - 市街化区域
    - 住居系用途地域（準住居地域除く。）→ 営業倉庫等の立地を規制
    - 準住居地域＋商業系用途地域＋工業系用途地域（工業専用地域・工業地域・準工業地域）→ 営業倉庫等の立地が可能

※地区計画の内容に適合する開発行為等は可能。

出典）国土交通省資料

物流施設を建設できる地域は制限されている（東京都大田区の場合）

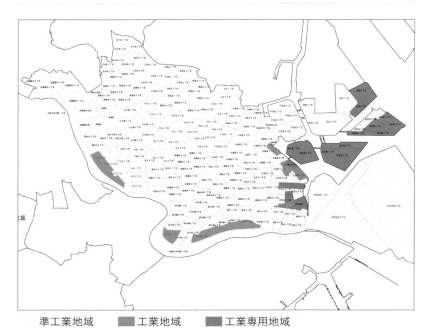

□ 準工業地域　■ 工業地域　■ 工業専用地域

出典）東京都大田区ホームページ

宅配便の小規模な拠点は
街中に置かれることも

輸配送系の物流施設のうち、トラック輸送サービスを提供する「ターミナル」には日々、膨大な量の荷物が集まります。1日当たり数十万個を超える荷物を出し入れする拠点もあります。保管はほとんどしないものの、大量の荷物を仕分けするため、「ターミナル」も広大なスペースを必要とします。したがって、倉庫系と同様、広い用地を確保できる郊外に立地しているケースがほとんどです。

路線便や宅配便など特別積み合わせ輸送サービスで使用される「ターミナル」は、倉庫系の物流施設とは異なり、「市街化調整区域」での開発が認められています。路線便や宅配便は公共性の高いサービスとされているからです。一般的に「市街化調整区域」は工業系用途地域よりも土地代が安いため、物流施設を開発するうえで投資コストを低く抑えられるというメリットがあります。

「配送センター」や「配送デポ」は郊外だけでなく、街中に置かれることも少なくありません。例えば、「配送デポ」の1つである宅配便の「集配用デポ（サテライト拠点）」は駅前の商業ビルの1階部分などに開設されています。しかも、そのスペースは30〜100坪程度です。オフィスや個人宅など宅配便の配達先から程近い場所に拠点を構え、配達する荷物や集荷した荷物を一時的に保管する役目などを担っています。

「配送センター」や「配送デポ」を郊外に置かないのは、燃料代など「輸配送」に掛かるコストを減らすとともに、モノをスピーディーに目的地まで届けるためです。

物流総合効率化法とは……

近年では、物流総合効率化法に基づく総合効率化計画の認定を受けると、市街化調整区域でも物流施設を開発できるようになった（ただし、開発許可申請手続きと許可を受ける必要がある）

＜物流総合効率化事業の主な認定要件＞

- 2以上の者（法人格が異なれば、親子関係でも可）が連携すること
- 流通業務（輸送、保管、荷さばき及び流通加工）を一体的に実施すること
- 輸送の合理化を行うことにより、流通業務を効率化すること
- 環境負荷の低減に資するとともに、流通業務の省力化を伴うものであること

＜物流総合効率化事業の主な認定要件＞

- **立地要件**：社会資本等（高速道路のIC等、鉄道貨物駅等）の周辺5km
- **規模要件**：（普通倉庫の場合）平屋建3,000m²以上、多階建6,000m²以上
- **構造要件**：倉庫業法の施設設備基準に適合
- **設備要件**：高規格バース、大型車対応荷さばき・転回場 等

出典）国土交通省資料

宅配便需要の拡大で配送デポは増えている

幹線輸送を担う大型トラックなども出入りする宅配便の集配センターは、市街地から少し離れた場所に立地していることが多い
出典）沖縄ヤマト運輸ホームページ

トラックを使わず、台車や自転車で荷物を集配する「サテライトデポ」は市街地中心部に拠点を構えている
出典）SGホールディングスホームページ

1
-07

物流施設はどこにある？
首都圏・阪神圏・中京圏の状況

　物流施設はもともと、輸出入のための船舶が行き来する港湾、空港、工場などが立地する臨海部やその近隣エリアを中心に開発が進められてきました。臨海部には埋め立て地が多く、広い用地を確保しやすかったほか、土地代が比較的安かったことなどが物流施設の進出を後押ししました。現在でも臨海部に物流施設を構える企業は少なくありません。

　しかし近年は、土地価格の高騰、開発用地の飽和、既存施設の老朽化や施設の大規模化ニーズの高まりなどを背景に、臨海部から内陸部に物流施設を移転するケースが増えてきました。とくに首都圏、中京圏、阪神圏の三大都市圏では、その傾向が顕著になりつつあります。

　内陸部には、土地代が比較的リーズナブルなうえに、大規模な物流施設を開発できる広大な用地を確保しやすいという利点があります。新たな高速道路網や主要幹線道路など交通インフラの整備が進み、消費地にアクセスしやすくなっていることも評価されています。開発地の周辺に住宅が密集するエリアがあれば、労働力も容易に調達できます。雇用創出につながるため、自治体も物流施設の誘致に積極的です。

　今後も物流施設は内陸部を中心に開発が進んでいくと見られています。もっとも、臨海部においては海外移転や事業縮小に伴い重厚長大産業系の大規模工場の閉鎖などが続いており、その跡地には物流施設の進出が相次いでいます。工場跡地の魅力は物流施設の大規模化ニーズに合致する広大な用地を確保できる点です。臨海部ではかつて工場が集積していたエリアが次々と"物流タウン"に生まれ変わっています。

物流施設の立地エリアの変化

10年前
(H15.1〜H16.12の2年間に操業・着工・計画)

→ 最近
(H25.1〜H26.12の2年間に操業・着工・計画)

首都圏 臨海部から内陸部への移転が進んでいたが、さらに、基幹道路(外環道や圏央道)の開通に伴い、立地エリアが環状に広がっている

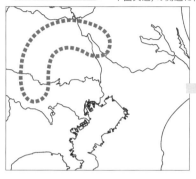 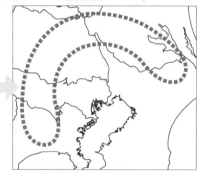

中京圏 名古屋港周辺エリアから内陸部へと立地エリアの移転が進んでいる

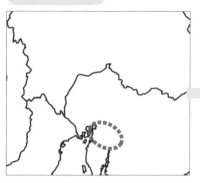 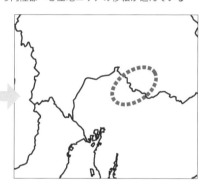

阪神圏 神戸港・大阪港の周辺エリアから、新たに用地(埋立地など)が開発された大阪南港エリアへの移転・新設シフトが加速している

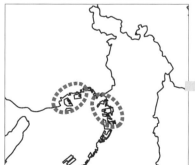 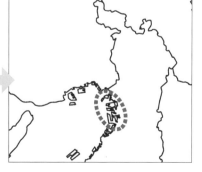

出典)日本立地総覧

施設数増加の一方、大規模化の傾向も

1-08

　日本国内での物流施設の開発プロジェクトは年々大規模化する傾向が強まっています。従来は5000坪の開発用地に床面積1万坪の物流施設（容積率200％）を建設されると、"大型"という印象を受けていましたが、近年は開発用地として1〜10万坪を確保し、床面積が2万坪を超える物流施設も珍しくありません。

　2019年に竣工したESRの「市川ディストリビューションセンター」は延べ床面積6万坪超の4階建て施設です。日本GLPが開発を進めている「GLP ALFALINK 相模原」（2021年8月から順次オープン）は、約8万9000坪の用地に4棟で構成する物流施設を建設するプロジェクトで、延べ床面積は約20万7000坪に達します。

　物流施設が"超大型化"している背景には、製造工場の海外移転や国内での事業縮小などに伴い、広大な土地を取得しやすくなったことがあります。工場跡地はもともと、港湾施設や高速道路、主要幹線道路などへのアクセス性に優れているケースが少なくなく、そのような立地条件は物流施設にとっても開発の適地と言えます。

　超大型の物流施設には、ワンフロア当たりの床面積を大きく確保できるという利点があります。例えば、入出荷や保管に計1万坪のスペースを使用するとしましょう。「5000坪×2層（2階）」と「1万坪×1層（1階）」では、後者のほうが作業を進めるうえで使い勝手がいい物流施設とされています。前者はモノの出し入れに貨物用エレベーターや垂直搬送機などを用いた"縦持ちの移動"が必要になってしまうからです。

首都圏の大規模物流施設の立地状況

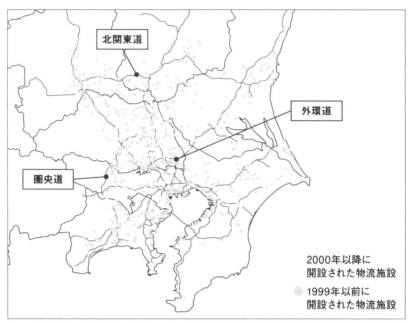

首都圏エリアでは2000年以降、広い用地を確保でき、かつ土地代の安い内陸部を中心に、大規模物流施設の開発が進んでいる

エリア別の大規模な物流施設の立地件数(事業所数)

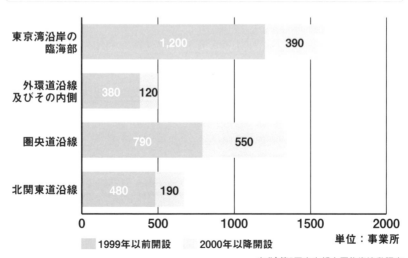

出典)第5回東京都市圏物資流動調査

「モノ」「ヒト」の両面で重要な交通アクセス

　物流施設を開設する際に重視される要素の1つが、施設周辺エリアの公共交通インフラの利便性です。前述した通り、物流施設は土地代の安い郊外に進出することが多いのですが、鉄道駅から徒歩圏内でアクセスできる場所・エリアには人気が集まります。施設で働く人たちが施設に通勤しやすくなるからです。

　最寄り駅から距離のあるところに立地する物流施設では、スタッフの通勤用に専用の送迎バスを運行しているケースが少なくありません。また、自家用車での通勤を認めて従業員専用の駐車スペースを確保している施設もあります。いずれの対応策も施設を運営する企業にとってはコストアップ要因となります。

　高速道路のインターチェンジから近かったり、主要道路（国道など）へのアクセスが容易だったり、道路環境が充実している場所・エリアも物流施設の進出先として好まれる傾向があります。道路インフラの利便性が高いと、施設で出し入れする荷物のスピーディーな「輸配送」を実現できるからです。

　物流施設がどのような規格の道路に面しているかも重視されます。幅の狭い道路だと「輸配送」を担うトラックが通行できないためです。どのようなタイプ（サイズ）のトラックが出入りする物流施設なのかにもよりますが、大型トラックやトレーラーのような大型車両の通行を想定するのであれば、より幅の広い道路に接している用地を確保しなければなりません。

2022年5月に竣工予定の「ロジランド春日部Ⅱ」

埼玉県春日部市永沼252

国道16号線と国道4号線が交差するエリアに位置し、東北自動車道「岩槻インターチェンジ」に約10.4kmでアクセスできるほか、常磐自動車道「柏インターチェンジ」の利用も可能

東武アーバンパークライン（東武野田線）「藤の牛島駅」から約1.4km

写真出典）ロジランド

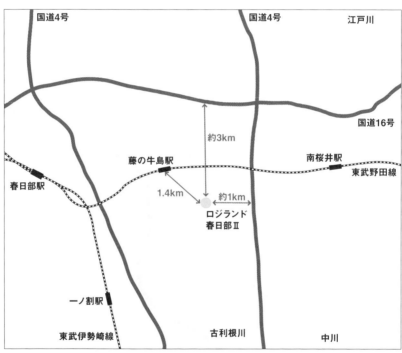

購入か賃借か、それぞれのメリット・デメリット

　新たに物流施設を建てるための用地は、土地の所有者から購入するか、賃借することになります。用地の購入価格や賃借料は通常、「1坪当たりいくら」で設定されます。具体的な価格や料金は土地所有者との契約で決まります。

　住宅などを建設するのに比べ、物流施設は広大な用地を必要とします。そのため、用地の購入資金は高額になります。これに対して、賃借の場合、年単位や月単位で土地の使用料を所有者に支払っていくかたちとなるため、初期投資額は少なくて済みます。ただし、契約期間が長くなると、購入したほうがトータル費用を低く抑えられる可能性もあります。購入と賃借のどちらを選択するかは、物流施設の使用期間など事業計画に基づいて判断しなければなりません。

　開発用地の価格（購入、賃借ともに）は立地条件で変わります。鉄道駅や高速道路のインターチェンジから近い場所にあるのか。効率のいい施設を建設できる地形なのか。大型トラックが不自由なく出入りできる道幅のある道路に面しているのか、といった要素が価格に反映されます。

　1-5、1-6で触れた通り、倉庫系の物流施設は工業系用途地域の「工業専用地域・工業地域・準工業地域」に、輸配送系のうち特別積み合わせ輸送で使用される物流施設（ターミナル）は「市街化調整区域」に建設されるのが一般的です。用地の価格は、開発行為にさまざまな制限がある市街化調整区域よりも、工業系用途地域のほうが高くなります。

物流施設を建設するための開発用地

購入する
メリット
デメリット

賃借する
メリット
デメリット

物流施設の進出先

倉庫系‥‥‥‥‥‥‥‥‥ 工業系用途地域である工業専用地域・工業地域・準工業地域

輸配送系(路線便)‥‥‥‥ 市街化調整区域

土地代＝工業系用地地域＞市街化調整区域

入荷から出荷までの間の
さまざまな業務

　物流施設にモノが入ってから出ていくまでの流れを見ていきましょう。まず、モノはトラックなどで運ばれて（輸配送されて）物流施設に到着します。届いたモノを受け取り、物流施設内に入れることを「入荷」と言います。

　入荷の際には、単にモノを受け取るのではなく、到着したモノが注文通りのアイテムなのか、数量は合っているのか、汚れや傷などがない良品なのかを確認するための「検品」を実施するのが一般的です。検品した結果、問題等がなければ、モノを施設内の保管場所に格納します。ここまでが入荷の流れとなります。

　続いて、物流施設からモノを出して、輸配送に引き渡すまでの「出荷」の工程ですが、出荷はオーダー（出荷指示）に応じて保管場所から対象のモノを取り出す「ピッキング」からスタートします。ピッキング後、モノには値札付けやシール貼り、袋詰めといった「流通加工」を施す場合もあります。

　ピッキングや流通加工が済んだモノは「梱包・包装」します。モノを綺麗に見せたり、荷役や輸配送時に生じる振動や衝撃から守ったりするためです。「梱包・包装」を終えたモノは、供給先別やエリア別などに「仕分け」します。仕分けなど「荷揃え」したモノは、輸配送を担うトラックなどに引き渡します。これで出荷は完了となります。

　入荷から出荷までの各業務フローの詳細は4章以降で説明します。

物流施設での業務の流れ　入荷〜出荷まで

荷役

入荷・検品

保管

ピッキング

流通加工

仕分け

梱包・包装

出荷

物流施設は、モノが入ってきて、出ていくまでの機能（入荷検品、保管、ピッキング、流通加工、梱包・包装、出荷検品など）を担う。各工程は人手や機械などを活用して処理する
写真出典）SBSロジコム、ダイフクホームページ

扱うモノにより規模や
機能の条件が決まる

　入荷から出荷までの庫内業務に対応するのに、どのような物流施設を選べばよいのでしょうか？　日々どのくらいの量のモノを出し入れするのか、どんなアイテムのモノを扱うのか、モノの供給先はどのように分布しているのか。そうしたさまざまな条件によって、物流施設として必要な規模や機能は異なります。

　想定よりも入出荷量が多いと、スペースが足りず、他の物流施設の確保を余儀なくされます。逆に少ないと、余剰スペースが生じてしまい、とても非効率です。温度管理が必要なアイテムであるにもかかわらず、施設に定温（冷蔵・冷凍など）機能がなければ、モノの品質は劣化してしまいます。

　床に厚みがあるような頑丈な造りの建物でなければ、重量の大きいモノは管理できません。モノの供給先から距離のある場所に立地していると、顧客の納品条件に応えられないかもしれません。さらに、鉄道駅など交通インフラがなく、通勤の利便性が悪いと、施設で働くスタッフを安定的に雇用できない可能性もあります。

　物流施設を自社で開発したり、他社から賃借したりする場合には、事前に施設に求める要件を整理しておく必要があります。物流施設には、建物としての構造や能力（収容量など）、設備、立地などの詳細を伝える基本データ（物件概要書）が用意されていることが一般的です。要件と物件概要を照らし合わせながら、自社にとって最適な物流施設を選ぶことが肝心です。

物流施設のスペックを確認する

写真出典）JR西日本不動産開発ホームページ

施設名	加古川平岡町NKビル（仮称）
竣工	2022年5月予定
敷地面積	1万6859㎡
延床面積	3万2274㎡
階層	4階建て
交通アクセス	加古川バイパス「加古川東ランプ」から約1km、第2神明道路「明石西インターチェンジ」から約3km、JR神戸線「東加古川駅」から約1km

施設名：物流施設の名称
竣工：物流施設の建設完了時期
敷地面積：物流施設が立地する敷地（用地）の広さ
延床面積：建物の床面積の合計
階層：施設の構造（何階建てか）
設備：施設内に導入されている設備や機器など
交通アクセス：高速道路や鉄道駅から施設までの距離

写真出典）マルハニチロ物流ホームページ

施設名	マルハニチロ物流「名古屋物流センター」
竣工	2021年3月
敷地面積	1万9931㎡
延床面積	7928㎡
設備	冷凍・冷蔵庫、自動倉庫（収容能力パレット1万5000枚分）
交通アクセス	伊勢湾岸自動車道「名港中央インターチェンジ」から約1km

人材を奪い合う物流施設

人材確保は「時給アップ」と「働きやすさ」で

物流施設の建設候補地として、地価が安く、広い用地を確保できる場所に人気が集まっていることは本文で触れた通りです。ただし、ある特定エリアに物流施設が集積してしまうことにはマイナス面もあります。例えば、近隣の物流施設間でスタッフの奪い合いが発生してしまうことです。

物流施設は大規模化に伴い、日々の庫内オペレーションに従事するスタッフを大量に確保する必要に迫られています。施設の規模によっては一度に数千人を雇用しなければならないこともあります。そのため、オープン(稼働)に向けて数カ月前から募集広告等を打つものの、思うようにスタッフを集めることができず、施設の運営に支障を来してしまうケースも少なくないようです。

そこで始まるのが他の施設からのスタッフの引き抜きや、募集時給の引き上げ競争です。10円単位や100円単位での時給アップは、働くスタッフたちにとって歓迎すべきことですが、雇用する側はコストアップを強いられることになります。ある物流施設の責任者は、近隣に新たに物流施設が進出してくるというニュースを聞くたびに、胃がキリキリと痛くなるそうです。

もっとも、最近は「どれだけ稼げるか」よりも「働きやすさ」に重きを置いて、職場を選ぶスタッフも存在します。上司や同僚との人間関係が煩わしくなかったり、食堂や休憩スペースなどの福利厚生面が充実していたりする物流施設であれば、スタッフは集まりやすいようです。

2 章

物流センターの構造の基本

物流施設で保管できるモノの量、荷役や流通加工の作業量は、
敷地・建物面積や天井高、
床荷重などによって大きく左右されます。
電力の確保、災害対策、働く人のための
福利厚生施設なども必要です。
この章では、物流施設の用地や建物に求められる条件について説明します。
ランプウェイや接車バースといった、
物流施設ならではの構造についても事例を見ていきます。

敷地面積や床面積は どのくらい必要？

物流施設の規模は、敷地面積や床面積（延べ床面積）を「平方メートル（平米）」か「坪」という単位で示すのが一般的です。「何坪の倉庫（スペース）が必要」や「物流施設を建設するために 5000 坪の開発用地を購入した」といった具合に、単位としては「坪」が使われることがほとんどです。

敷地面積は物流施設が建つ用地の広さです。施設の大小によって、その広さは数百坪から数十万坪と、さまざまです。物流施設の場合、輸配送で使用するトラックや通勤用自家用車の駐車スペースが必要になるため、敷地は広めに確保される傾向があります。

延べ床面積は物流施設内のスペースの広さを指します。例えば、4 階建て（4 層）の施設の場合、1 階部分の床面積が 1000 坪で、各層が同じ床面積だとすると、建物としての延べ床面積は「1000 坪 × 4 層 = 4000 坪」と計算できます。

建築基準法は、用途地域ごとに「建ぺい率」（建築面積／敷地面積）と「容積率」（延べ床面積／敷地面積）を定めています。例えば、建ぺい率 60％、容積率 200％に設定されている「工業地域」にある 1 万坪の用地に物流施設を建てる場合、建築面積の上限は 6000 坪で、延べ床面積の上限は 2 万坪となります。

このルールに基づくと、ワンフロア当たり 6000 坪 × 3 層や、同 5000坪 × 4 層といった物流施設を建設できることになります。

物流施設の建ぺい率と容積率

「工業地域」で建ぺい率60%、容積率200%の場合

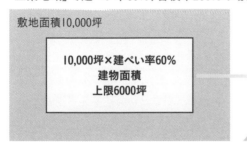

敷地面積10,000坪

10,000坪×建ぺい率60%
建物面積
上限6000坪

10,000坪×容積率200%
床面積上限
20,000坪

6000坪×3層
合計床面積18000坪

床面積上限以下で
建設可能

■事例：大和ハウス工業の物流施設「DPL市川」

敷地面積	36,348.10㎡ （10,995.30坪）
延床面積	68,769.48㎡ （20,802.76坪）
建物構造	免震PC＋S造
階層	5階建て
竣工	2016年5月

配置図

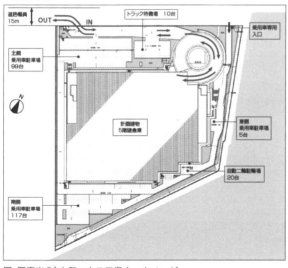

工業地域の1万995坪の用地に、延べ床面積2万802坪の物流施設を建設。1階層当たり床面積約4000坪×5階層で規制基準（建ぺい率60％、容積率200％）内となっている

図・写真出典）大和ハウス工業ホームページ

2 -02 鉄骨造が物流施設に適している理由

　建物としての規模が大きく、たくさんのモノを管理する物流施設は、建物そのもの（建屋ともいう）が頑丈でなくてはなりません。そのため、建物の構造には「鉄骨造（S造)」「鉄筋コンクリート造（RC造)」「鉄骨鉄筋コンクリート造（SRC造)」が採用されるケースがほとんどです。国土交通省の「建築着工統計調査」（2020年）によれば、新規に着工された物流施設の構造は、この3つが全体の95%超を占めています。稀に「木造（W造)」もありますが、ごくわずかです。

　主要な3つの構造のうち、最も割合が高いのが鉄骨造（全体の60%超）です。鉄骨造は、鉄筋コンクリート造や鉄骨鉄筋コンクリート造よりも工期が短で、坪単位当たりの建築費を低く抑えることができます。また、建物内の空間確保の面でも、鉄骨造は柱梁スパンが大きいため、より多くのモノを収納できるとともに、より広い作業スペースを確保できる優位性があることから、建築主や施設使用者に支持されています。

　建物には、構造別・用途別に法定耐用年数（減価償却資産としての耐用年数)が設定されています。鉄筋コンクリート造や鉄骨鉄筋コンクリート造の物流施設は38年、鉄骨造（骨格材の肉厚が4mmを超えるもの）で31年です（「倉庫事業の倉庫用の建物（冷蔵倉庫以外)」は、鉄筋コンクリート造や鉄骨鉄筋コンクリート造が31年、鉄骨造が26年）。

　ただし、法定耐用年数はあくまでも目安で、実際の耐用年数は施設の立地条件や気候条件、用途などによって異なります。メンテナンスや修繕などを定期的に実施すれば、施設の耐用年数が延びることもあります。

物流施設の構造と建築費

建築費水準(万円／坪)／倉庫(全国)構造別

45.9	45.0	43.1	36.2	43.5
鉄骨鉄筋コンクリート造	鉄筋コンクリート造	鉄骨造	木造	全構造平均

出典)建築着工統計調査(国土交通省)に基づいて作成(2020年時点)
※建築費(万円／坪)は工事費予定額(円)を床面積(坪)で除した値

倉庫建築の構造別割合(床面積)

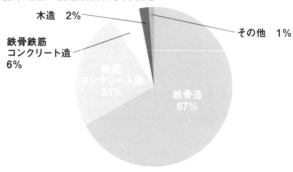

木造　2%
その他　1%
鉄骨鉄筋コンクリート造 6%
鉄筋コンクリート造 24%
鉄骨造 67%

出典)建築着工統計調査(国土交通省)に基づいて作成(2020年時点)

建築費水準(万円／坪)／鉄骨造倉庫(全国)

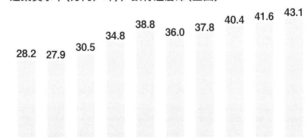

2011年	2012年	2013年	2014年	2015年	2016年	2017年	2018年	2019年	2020年
28.2	27.9	30.5	34.8	38.8	36.0	37.8	40.4	41.6	43.1

出典)建築着工統計調査(国土交通省)に基づいて作成
※建築費(万円／坪)は工事費予定額(円)を床面積(坪)で除した値

2 -03 物流施設の天井高は 住居やオフィスの1.7〜2倍

　物流施設のうち、とりわけ「倉庫系」の建物では、床から天井までの高さ（天井高）を十分に確保しています。空間（容積）を大きくすることで、たくさんのモノを保管できるようにするためです。オフィスビルや住居の場合は天井までの高さが3〜4メートル程度であるのに対して、倉庫系の物流施設の天井高は5〜8メートルに設定されているのが一般的です。

　物流施設内部の高さは、天井高のほかに「梁下」で表記されることがあります。梁とは、柱と柱をつなぐ、建物を支える水平材です。「梁下」は建物内に張り巡らされている梁の下部から床までの高さを示します。建物内で梁がある場所は、梁の大きさの分だけ高さが減る（ロスする）ことになります。

　近年の物流施設のスペック（仕様）を確認してみると、有効天井高（モノを出し入れするのに不都合がない天井の高さ）や梁下は「5.5メートル（以上）」が標準サイズとなっているようです。この数字は、ラックやパレットといった機器（詳細は3章で説明します）を用いてモノを施設内で保管する際に、3〜4段積み重ねることを想定しています。

　保管効率の観点からすると、天井高や梁下は高いほうがいいということになります。ただし、あまり高すぎると、モノを出し入れするのに使用するフォークリフト（詳細は3-4で説明します）が最上部まで届かなかったり、積み重ねた荷物のバランスが悪くなって倒壊のリスクが高まったりする弊害もあります。

物流施設の天井高は5〜8メートルに設定されているケースが多い

プロロジスパーク吉見

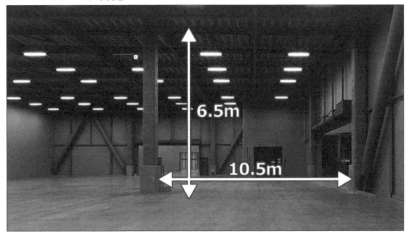

1階部分の有効天井高は6.5mで、ラックを活用してパレット4段積みが可能。柱スパン(間隔)は10.5mを確保している
出典)プロロジスホームページ

MFLP船橋Ⅱ

倉庫スペース(写真左)の天井高は5.5mを確保しているのに対し、事務所スペース(写真右)の天井高は3.0mとなっている
出典)三井不動産ホームページ

2-04 大量のモノの保管や安全な作業のための強度を確保

　建物の床が耐えられる重さを「床荷重」と言います。その数値は一般的に1平方メートル（1㎡）当たりの重量で表します。建築基準法では、建物の用途などに応じて床荷重の基準が定められています。床の破損などによる建物の崩壊・倒壊といった事故を防ぐための、強度の目安です。

　住居やオフィスの床荷重は300kg／㎡程度が標準とされています。近年は、重量のある機器や設備が室内に置かれることを前提に、床の強度を高めたオフィス向け建物が増えているようですが、それでも床荷重は500kg／㎡程度です。

　これに対して、物流施設の床荷重は現在、1.5t／㎡が標準となっています。その強度は住居やオフィスの3〜5倍に達しています。3〜7t／㎡の床荷重を確保している物流施設も存在します。

　前項では「天井高」について説明しましたが、物流施設内の床から天井までの高さを確保し、たくさんのモノを積み重ねられるようにしたとしても、床の強度が足りなければ、大量のモノの重さに耐えることができず、荷崩れなどが発生してしまう可能性があります。物流施設の床荷重が大きいのは、たくさんのモノを安全に保管するためです。

　また、荷役作業でフォークリフトを使う物流施設も少なくありません。自重が2〜5トンに達するフォークリフトの走行を可能にするためにも、物流施設では十分な床荷重を確保する必要があります。

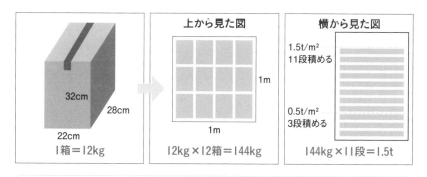

十分な床荷重を確保した物流施設では
様々なアイテムの保管や荷役に対応できる

上から見た図

1m

1m

12kg×12箱＝144kg

横から見た図

1.5t/㎡
11段積める

0.5t/㎡
3段積める

144kg×11段＝1.5t

32cm
28cm
22cm

1箱＝12kg

1箱12kgのモノを保管する場合……
床荷重が0.5t/㎡⇒3段積み、1.5t/㎡⇒11段積み
と保管効率に差が出る

メイコンの「佐千原2号倉庫」

ニッコンホールディングスグループのメイコンが2019年に竣工した「佐千原2号倉庫」(愛知県一宮市)は、重量物の取り扱いに対応するため、1階部分の耐荷重を3t/㎡に、2階部分を2t/㎡に設定している
出典)ニッコンホールディングスホームページ

荷物を積み下ろしする
トラックの接車スペース

2-05

　港に接岸した船舶から荷物を積み降ろしする場所（岸部分）を「バース」と言います。それに倣って、物流施設で荷物を積み降ろしするためにトラックを接車するスペースも「バース」または「接車バース」と呼ばれます。バースの規模は「50 メートル」や「100 メートル」といった具合に長さで表すのが一般的です。バースが長いほど接車できるトラックの台数は多くなります。

　バースには「高床式バース」と「低床式バース」の 2 つのタイプがあります。「高床式」は床の高さが地面より 1 メートル程度高くなっているバースです。床部分と、接車するトラックの荷台部分との高さをほぼ揃えることで、トラックからの荷物の出し入れを容易にしています。

　「低床式」は、床が地面と同じ高さのバースです。「高床式」では通常、トラックの荷台後方部から荷物を出し入れするのに対し、「低床式」はトラックの荷台側面部から荷物を出し入れするのに適しているとされています。「低床式」はパレット単位で輸配送される荷物を中心に扱う物流施設で多く採用されています。

　バースはこれまで物流施設の 1 階部分に確保されてきました。しかし近年は、トラックがランプウェイなどを通じて上層階まで直接乗り入れできる構造にし、上層階にもバースを用意する物流施設が増えています。バースが多ければ、バース空きを待つトラックが減り、トラック〜物流施設での荷物の出し入れを迅速に処理できます。

トラックが接車するバースの2つのタイプ

高床式

低床式

0m

トラックが接車するバースには「高床式」と「低床式」がある

「高床式」はトラックの荷台後方部から、「低床式」はトラックの荷台側面部から荷物を出し入れすることが多い

高床式バース

写真出典)著者撮影(撮影協力:ハマキョウレックス、以下同)

ドックレベラー

写真出典)
左　日本梱包運輸倉庫ホームページ
右　大和物流ホームページ

> **ドックレベラーは、物流施設で積み降ろしをする際に、建物の搬出入口の床面と、コンテナやトラックの荷台との高低差をなくすための装置。様々なタイプのトラックが出入りする物流施設で導入されている**

2
-06
多層の各階にトラックを
直接乗り入れ可能に

　多層階型の物流施設には、片端もしくは両端に螺旋状の構造物が装備されていることがあります。この構造物は「ランプウェイ」と呼ばれるもので、トラックが各階に直接乗り入れできるようにするための「傾斜路」です。ランプウェイは近年に開発された規模の大きい物流施設の多くで採用されています。

　モノの積み降ろし作業はトラックが接車するバースで処理しますが、従来の多層階型物流施設ではバースを確保しているのは1階部分のみ。上層階で管理するモノは貨物用エレベーターや垂直搬送機（3-1参照）を使って1階部分と行き来させる必要がありました。また、バースは数に限りがあるため、入出荷に多大な時間を要するなど、非効率なオペレーションを強いられることも少なくありませんでした。

　これに対して、ランプウェイを持つ物流施設では、各階にバースが用意されるため、モノをスムーズに出し入れできるようになります。ただし、ランプウェイ構造には、トラックが走行する車路やバースのスペースを確保する必要がある分、保管や流通加工のためのスペースが減ってしまうといったデメリットもあります。建築費も上がります。

　物流施設の片端のみに設置されているランプウェイでは、トラックが上りと下りですれ違って走行することになります。両端にランプウェイがある場合には、一方を上り線、他方を下り線にし、一方通行の運用とすることで、施設内を走行するトラックの安全性を高めています。

ランプウェイを採用する物流施設が増えている

■SBSリコーロジスティクスの「物流センター一宮」（仮称）

SBSリコーロジスティクスが2023年にオープン予定の「物流センター一宮」（仮称）では、各階にアクセスできるランプウェイを導入する計画
写真出典）SBSリコーロジスティクスホームページ

■野村不動産の「Landport高槻」

ダブルランプウェイを採用している野村不動産の大規模物流施設「Landport高槻」
写真出典）野村不動産ホームページ

■日本自動車ターミナルの「JMT京浜ダイナベース」

日本自動車ターミナルの「JMT京浜ダイナベース」は40フィートコンテナを積載したトレーラーが乗り入れできるダブルランプウェイを採用している
写真出典）日本自動車ターミナルホームページ

主目的は環境対策。
売電で収益を得る場合も

　物流施設は、オフィスビルなどに比べ規模が大きく、建物の平面が広いという特徴があります。例えば、一般的な構造（箱型）の物流施設で、ワンフロアの床面積が1万坪、建物の屋根部分の面積も1万坪という規模も珍しくはありません。近年では、この広さを活かして、屋根部分に太陽光パネル（太陽光発電装置）を多数設置し、自家発電に乗り出す物流施設が増えています。

　太陽光発電は、自然エネルギー（再生可能エネルギー）利用として、企業の環境対策の一環で進められています。太陽光発電で得られる電力は、物流施設内の照明や、機器の動力として活用されます。余った電力を電力会社などに引き取ってもらう（売電する）施設もあります。また、太陽光発電の仕組みを備えていれば、災害に伴い停電が発生しても施設は操業を続けることができ、BCP（事業継続計画）の観点からも有効であると言えます。

　もっとも太陽光発電の導入には、パネルの購入をはじめ多額の投資を必要とします。物流施設の場合、屋根部分が広いだけに、全面にパネルを張り巡らすとなると、費用負担もかなり大きくなります。そのため、自社での消費や売電を通じて、投入した費用をきちんと回収できるかを見極めたうえで、導入の可否を判断すべきです。

　保有する物流施設の屋根部分を賃貸し、賃借した別の企業が太陽光発電を展開するというスキームも普及し始めています。屋根部分が広い物流施設は、十分な発電量を確保できるだけに、魅力的なのでしょう。

物流施設の太陽光発電装置

物流施設では屋根部分や屋上部分の広いスペースを活用して太陽光発電を展開している。発電した電力は施設で使用するほか、余剰分を売電するケースもある

■センコーの「広島PDセンター」

2017年にオープンしたセンコーの「広島PDセンター」では、施設の屋上部分のほぼ全面にパネルを設置して太陽光発電を行っている
写真出典）センコーホームページ

■オリックスの「アイミッションズパーク堺」

オリックスは、伊藤忠商事とメイプルツリーインベストメンツが共同開発した物流施設「アイミッションズパーク堺」の屋根を賃借して太陽光発電事業を展開している。同施設の屋根に1万枚超のパネルを設置した。発電の最大出力は2.75MWで国内最大級だという
写真出典）オリックスホームページ

物流施設の電力需要は
拡大が続く

　従来、物流施設の電力消費量はそれほど大きくありませんでした。しかし近年は、作業の効率化につながる各種マテハン機器（詳細は第3章で説明します）の導入、電動フォークリフトの活用、事務処理系業務でのパソコンやサーバーなど情報関連機器の使用など、物流施設内での電力需要が増大しています。

　今後はさらにその傾向に拍車が掛かります。空調設備の標準装備化をはじめ、入荷から出荷までの工程を自動化するための物流ロボット導入なども、加速すると予想されているからです。とりわけ物流ロボットは、少子高齢化などを背景に深刻さを増している人手不足を解消する切り札として、その普及に大きな期待が寄せられています。

　将来のさらなる電力需要の拡大を見込んで、「特別高圧電力」をひく物流施設も増えてきました。特別高圧電力とは、受電電圧が2万V（ボルト）以上、電力会社との契約電力2000kW（キロワット）以上の電力を指します。特別高圧電力は百貨店やオフィスビル、大規模工場などでも利用されています。

　特別高圧電力は通常の電力に比べ料金が割高になっています。ただし、電力会社は現在、トータルでやや割安になる季節別や時間帯別の料金プランなども用意しています。物流施設の稼働特性に合わせて、そうした料金プランをうまく活用すれば、コスト負担を低く抑えることができます。

電力消費量の増加で「特別高圧電力」が必要に

マテハン機器や物流ロボットなど電力消費量の多い設備の導入ニーズが拡大しているのを受けて、特別高圧電力を供給する物流施設が相次いでいる

■ESRの「戸田ディストリビューションセンター」

2020年に竣工したESRの「戸田ディストリビューションセンター」では、ロボティクスや冷蔵・冷凍設備の導入など多様化するテナントニーズに対応するため、特別高圧電力での電力供給を行っている
写真出典）ESRホームページ

物流施設に導入されている
高圧受電設備の例

電力を高圧で受電するためには、写真のような高圧受電設備が必要となる
写真出典）日東工業ホームページ

特別高圧電力（工場など向け）の料金プラン例

			単位	料金（税込）
基本料金	20kV 供給		1kW	1,661円00銭
	60kV 供給			1,606円00銭
	140kV 供給			1,551円00銭
電力量料金	20kV 供給	夏季	1kWh	15円35銭
		その他季		14円40銭
	60kV 供給	夏季	1kWh	15円10銭
		その他季		14円18銭
	140kV 供給	夏季	1kWh	14円86銭
		その他季		13円96銭

電力量料金 は 夏季（毎年7月1日から9月30日まで）の単価が高く設定されている
出典）東京電力エナジーパートナーホームページ

物流の機能を停止させない、巨大地震への備え

2-09

　東日本大震災や熊本地震といった大型地震、台風や集中豪雨による河川の氾濫など、日本はここ数年、度重なる大規模災害に見舞われています。このような緊急事態に遭遇した場合でも、物流施設には事業の継続や早期の復旧が求められます。国民生活や経済活動を支える社会インフラである物流の機能が停止すると、**サプライチェーン**は寸断され、各方面に多大な影響を及ぼしてしまうからです。

　近年、物流施設への導入が進んでいる地震対策の1つに「免震構造」の採用があります。免震構造とは、建物と基礎の間に免震装置（ゴム式など）を設置し、地盤と切り離した状態にすることで、建物に地震の揺れを直接伝えない仕組みです。

　地震で建物が大きく揺れると、ラックなどで保管しているモノが倒壊（荷崩れ）し、ダメージ（破損など）を受ける恐れがあります。モノの価値が損なわれれば、物流施設はもちろん、モノを預ける荷主も多大な損害を被ります。また、建物そのものが損傷し、資産価値が低下する可能性もあります。施設内のマテハン機器や各種設備についても同様のことが言えます。

　そうしたリスクの回避につながる免震構造には、建物の部材などが地震力を吸収する「耐震構造」や、重りなどのダンパ（制震装置）が地震力を吸収する「制震構造」に比べ、建物の工期に時間を要するデメリットがあります。それでも、南海トラフ地震など将来の巨大地震への備えとして、免震構造を採用する物流施設が相次いでいます。

巨大地震への備え・「免震構造」とは

BCP対策や、将来の巨大地震への備えとして免震構造を採用した物流施設への入居ニーズが拡大している

「ＧＬＰパイルキャップ免震工法」の概念図

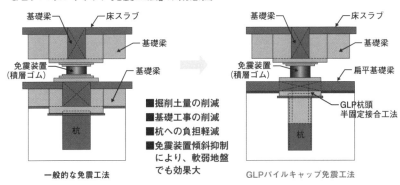

日本GLPは2012年、大幅なコストダウンにつながる独自の免震構造システム「GLPパイルキャップ免震工法」を開発し、特許を取得した

■GLP三郷Ⅲ

2013年に竣工した「GLP三郷Ⅲ」で「パイルキャップ免震工法」を初めて採用した
図・写真出典）日本GLPホームページ

サプライチェーン

原材料などの調達から生産、販売に至るまでの一連の流れを１つの鎖（チェーン）と捉えて呼ぶ言葉。供給連鎖とも言う。

燃料調達の容易さも「ディーゼル」選択の理由

前項で触れた通り、物流施設には、大規模災害の発生時であっても、「社会インフラの維持」という観点から、事業の継続や早期の復旧が求められます。そのために物流施設ではさまざまな災害対策を講じていますが、そのうちの1つに「非常用自家発電機（設備）」の導入があります。

非常用自家発電機は、被災で電力会社からの電力供給が停止した場合に、物流施設を稼働させるのに必要な電力を自ら賄うために用意するものです。大きく分けて「ディーゼルエンジン式」と「ガスタービン式」の2種類があり、物流施設では前者のほうが普及しています。輸配送で活躍するトラックはディーゼル車が多く、その燃料の軽油であれば、物流施設でも調達や確保が容易なこともあって、ディーゼル式が選ばれているようです。

電力会社からの電力が止まると、物流施設各所への電力供給は自動的に非常用自家発電機経由に切り替わる仕組みになっています。それによって、施設内のマテハン機器や設備、情報システムなどを一時的に止まることもなく稼働させます。電力会社からの電力供給の再開が大幅に遅れることを想定し、物流施設を3日間から1週間程度動かすことができる能力を持つ非常用自家発電機が導入されています。

注意点として、非常用自家発電機そのものが被災することを避けなければなりません。電力供給が完全に遮断されてしまうからです。例えば水害の想定される場所では、非常用自家発電機は施設の屋上部分などの高い場所に設置するといった対策が必要です。

自家発電設備を導入する物流施設が相次いでいる

■ 東北アルフレッサの「郡山物流センター」

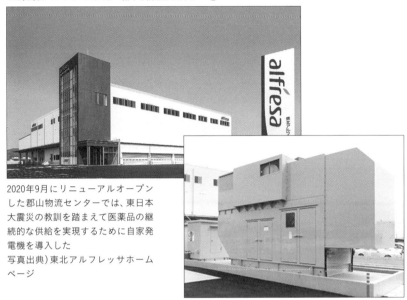

2020年9月にリニューアルオープン
した郡山物流センターでは、東日本
大震災の教訓を踏まえて医薬品の継
続的な供給を実現するために自家発
電機を導入した
写真出典）東北アルフレッサホーム
ページ

■ NTTロジスコの「平和島物流センター」

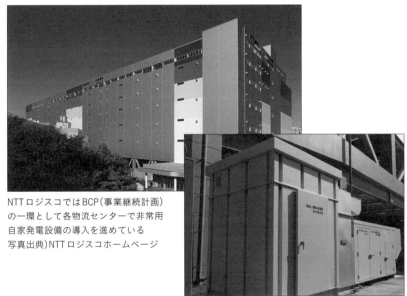

NTTロジスコではBCP（事業継続計画）
の一環として各物流センターで非常用
自家発電設備の導入を進めている
写真出典）NTTロジスコホームページ

環境整備で労働力確保。休憩所、食堂、保育所などを充実

2-11

物流施設での入荷～出荷作業の多くは、マンパワー（人手）で処理されます。EC向け物流センターのような入出荷量の多い大型物流施設だと、1日当たり数千人規模の作業スタッフを必要とします。ところが、少子高齢化などを背景にした労働力不足で、物流施設の人材確保は年々困難になりつつあるというのが実情です。

物流施設では近年、この問題の解決策の1つとして、福利厚生施設（設備）の拡充に力を注いでいます。同業他社や近隣にある物流施設よりも働きやすい職場環境を整備・提供することで差別化を図り、労働力確保につなげようとしています。同じ賃金水準の2つの物流施設のうち、手厚い福利厚生を享受できる職場のほうが、働く人たちに支持されやすいからです。

例えば、従業員向けの休憩所では、飲食関連の自販機を充実させるほか、ハイグレードなイスやソファなどを用意し、休憩時間をゆっくりと過ごせるようにしています。ランチや夕食を無償で提供する食堂を運営する施設もあります。清潔感のあるトイレやシャワールーム、パウダールームなど、女性スタッフに配慮した設備を導入する施設も増えてきました。

子育て世代のスタッフたちから好評なのは、施設内に置く保育所や一時預かり（一時保育）です。身近な場所で自分の子どもの面倒をみてもらえるうえに、送迎の負担が小さくなるため、スタッフは安心して施設で働くことができるようになります。

物流施設は働きやすい職場づくりを推進している

■ESRの「市川ディストリビューションセンター」

2019年にオープンしたESRの「市川
ディストリビューションセンター」
では、施設内に託児所「バーンクラ
ブ市川」を開設した
写真出典）ESRホームページ

■オリックスの「松伏ロジスティクスセンター」

オリックスが2019年にオープンした
「松伏ロジスティクスセンター」では、
従業員が利用できるカフェラウンジ
や屋外テラスなどが完備されている
写真出典）オリックスホームページ

施設のハイスペック化も コストアップ要因

　物流施設の建築に掛かる費用は、建物の構造や規模、設備などで決まります。その費用が高いのか、それとも安いのかは、「総工費／建物の総床面積（坪）」で算出する建築単価（坪単価）を比較して判断するのが一般的です。

　建築費用の坪単価は、建物に使用する資材の調達コストや、建設スタッフの人件費などの要因で変動します。日本における物流施設の建築費は、2010 年代前半に、リーマン・ショックや東日本大震災などを背景にした不況で、坪単価 30 万円台半ばにまで落ち込みました。しかしそれで底をついて以降は、上昇する傾向が続いており、2021 年現在では 50 万円台まで上昇していると言われています。

　中国をはじめとするアジア諸国での建設需要増や、東京オリンピックを控えた日本国内での建設ラッシュに伴う資材価格の高騰、人手不足による人件費アップなどが、建築コストを押し上げました。また、トラックが上層階部分まで直接乗り入れできるランプウェイ構造（2-6 参照）や、巨大地震に備える免震・耐震構造（2-9 参照）を採用するなど、物流施設がハイスペック化していることも、コストアップ要因となっています。

　新型コロナウイルス感染拡大の影響で、物流施設の建築コストがこの先どのように推移するかは未知数ですが、いずれにせよ、高い水準を保つと言えるでしょう。

物流施設の建築コストは、建物に使用する資材の調達コストや建設業務を担う作業員の人件費水準などの要因で変動する

主な大規模物流施設の総工費

施設名	プロロジスパーク八千代Ⅰ	DPL名港弥富
総工費	約440億円	約400億円
開発者	プロロジス	大和ハウス工業
敷地面積(㎡)	6万9302	9万1709
延床面積(㎡)	16万1338	21万360
階層	5階建て	4階建て

施設名	市川ディストリビューションセンター	GLP ALFALINK 相模原
総工費	約800億円	約1400億円
開発者	ESR	日本GLP
敷地面積(㎡)	10万3000	30万
延床面積(㎡)	22万9000	65万
階層	4階建て	複数棟で構成

長期賃貸借契約でコストダウンも可能

　自社保有の物流施設ではなく、物流不動産会社や物流会社、投資ファンドなどが開発・保有する物流施設を使用する場合には、賃借料を支払う必要があります。賃借料は「月額坪当たりいくら」で設定されます。テナントとして物流施設に入居する際には、毎月の賃料とは別に、契約時に月額賃料の数カ月分（6〜12カ月分など）を保証金として所有者側に預けることも求められます。

　物流施設の賃料は、保管や荷役などを行う作業スペースと、事務所スペースで価格が異なります。作業スペースは坪当たり月額4000円で、事務所スペースは5500円といった具合に、事務所スペースのほうがやや割高に設定されています。また、同じ施設であっても、冷蔵・冷凍の温度帯に対応しているスペースは、常温スペースよりも賃料が高く設定されていることもあります。空調設備があったり、壁の構造が異なっていたりするためです。

　物流施設の所有者とは、5〜10年にわたる長期間での賃貸借契約を締結することが少なくありません。長期契約で賃料の値下げを実現できる可能性があるからです。ただし、契約期間内での中途解約には違約金が発生するため、事業計画に上振れや下振れ（業績・業容の拡大や縮小に伴う物流施設での取扱量の大きな変化）のリスクが懸念される場合には、3〜5年の短期契約にとどめておくべきです。

　契約満了で物流施設から退去する際には、原状回復費用の負担が発生することもあります。壁や床などの修繕に掛かるコストです。

物流施設の賃貸コスト

物流施設の賃料は需給バランスや空室率の状況などによって変動する

東京圏における物流施設の賃貸マーケット動向

東京圏の募集賃料の動向

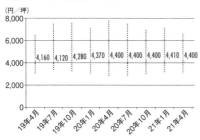

東京圏の空室率の動向

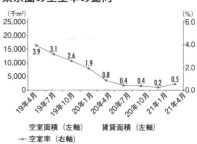

関西圏における物流施設の賃貸マーケット動向

関西圏の募集賃料の動向

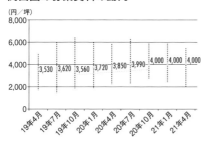

関西圏の空室率の動向

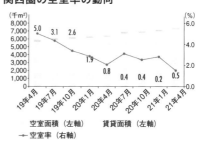

出典）一五不動産情報サービス

東京圏では2020年4月頃、関西圏では2020年10月頃から、物流施設の賃料は横這いの動向

物流施設の歩き方
施設内外の"散歩"で
これだけのことがわかる

物流の仕事に就くと、同業間の横のつながりや研修目的などでいろいろな物流施設を訪問する機会が増えると思います。その際にどのようなことに目を配ればよいのでしょうか？　いくつかのチェックポイントを紹介しておきます。

まずは物流施設のまわりを一周歩いてみましょう。トラックの出入り口は何カ所あるのか、施設の道路付けはどうなっているのか、近隣の道路は混雑していないか、など、施設のスペックや周辺環境を確認するためです。訪問先とのアポイント時刻の30分くらい前に現地に到着しておくと、余裕を持って施設周辺を"散歩"できます。

施設内では、入荷〜出荷までの一連の作業の流れを、訪問先の担当者（案内者）に細かく説明してもらうようにしましょう。作業の進め方は扱っているモノや施設によって千差万別です。モノの置き方（保管の仕方）にもそれぞれ特徴があったりするため、自社で業務改善を進めていくうえで、参考になることがあるはずです。施設の壁や柱に掲げられている標語や張り紙をチェックすれば、その施設が目標としていることや現状の課題なども把握できます。

物流施設の内外を歩き回ってみると、初めての訪問であってもいろいろな気づきがあります。もしチャンスがあれば、より多くの物流施設に足を運んでみることをオススメします。自社の物流施設の欠けている要素は何か。反対に優れている点はどこなのか。他社の物流施設の最前線を常にモニタリングしておくことはとても大切です。

3章

物流センターの業務を支える設備・機器の基本

物流施設の業務フローは、さまざまな設備・機器に支えられています。
重いモノや大量のモノの荷役は、
エレベーターやフォークリフトなしには成り立ちません。
棚（ラック）ひとつとっても、保管するモノの種類や
状況に合わせてさまざまな種類があります。
この章では、荷役、保管、流通加工、
梱包・包装の業務に直結する設備・機器を見ていきます。
人手に頼る作業も多い流通加工や梱包・包装の分野で、
機器による支援が進んでいる動向にも触れます。

貨物用昇降機と垂直搬送機、用途は同じ。違いは？

多層階型の物流施設のうち、上層階部分にトラックが直接乗り入れできない構造の施設では、輸配送の接点である1階部分と上層階部分との間でモノを出し入れするための設備として、貨物用（荷物用）エレベーターや垂直搬送機が必要になります。

貨物用エレベーターは、集合住宅やオフィスビルのエレベーターとは違って、人ではなく、モノを載せることを目的としています。そのため、人用エレベーターに比べサイズが大きく、開閉口の幅は2〜4メートル、高さは2〜3メートル、積載可能重量は1500〜5000キログラムなどに設定されています。

建築基準法で貨物用と規定されたエレベーターには、荷扱い者や運転者以外の人が乗ることが禁じられています。貨物用エレベーターはあくまでもモノを扱うことが前提で、人命を守るための安全装置が簡略化されているなど、人用エレベーターとは基準が異なるからです。

垂直搬送機は、貨物用エレベーターと同様、下層階と上層階でモノをやりとりする設備です。用途は変わりませんが、搬出入は自動処理で、人が直接介在せず、人が乗り込んだ状態で運転されることもないため、建築基準法の「昇降機（＝エレベーター）」には該当しないとされています。したがって、建築基準法が昇降機に求めている確認申請や定期検査も、垂直搬送機では不要となります。その分、導入のハードルは低いと言えますが、安全保持のための保守点検は義務づけられています。

貨物用エレベーターや垂直搬送機の役割とは

物流施設の上層階と下層階でのモノの出し入れには、貨物用エレベーターや垂直搬送機を活用する

貨物用エレベーター

貨物用エレベーターではモノの積み降ろし作業をフォークリフトで処理することが多い。安全管理上、貨物用エレベーターに人が乗ることは禁止されている（運転者または荷扱い者1人を除く）
写真出典）著者撮影

垂直搬送機

垂直搬送機はパレット貨物やケース貨物の上層階と下層階での出し入れを自動処理する
写真出典）左　著者撮影
　　　　　右　ホクショーホームページ

モノの出し入れ自動化で、保管効率も生産性も高い

　モノをラック（棚）に格納したり、ラックからモノを取り出したりする作業を、機械を使って自動的に処理する設備を「自動倉庫」と言います。モノを収納するラックの高さが数メートルから30メートル程度にまで達することから、「立体自動倉庫」と呼ばれることもあります。ケース単位のモノを処理する「ケース自動倉庫」や、パレット単位のモノを出し入れする「パレット自動倉庫」などの種類があります。

　自動倉庫を導入するメリットの1つは、面積当たりで保管できるモノの量が増える（保管効率がいい）という点です。作業スタッフやフォークリフトではリーチ（到達）できない高さまでモノを積み上げることができ、作業のための通路を確保する必要もなくなり、物流施設の省スペース化につながります。

　モノの取り間違いなどヒューマンエラー（人的作業ミス）の発生を防ぐこともできます。コンピューター制御によって自動的にモノを出し入れするからです。人手を介さずに、長時間にわたって機械が作業し続けるため、生産性も上がります。

　自動倉庫のデメリットは、導入や運用のためのコスト負担が大きい点です。設備の規模にもよりますが、初期費用として数億円超の投資を必要とするほか、電気代やメンテナンス料などのランニングコストも発生します。また、災害などによる故障時には、設備の復旧までに時間が掛かり、長期間の入出荷停止を余儀なくされるリスクも想定しておかなければなりません。

立体自動倉庫の種類

立体自動倉庫は、作業スタッフやフォークリフトでは届かない高さまでモノを積み上げられるため、面積当たりの保管効率がいい

パレット自動倉庫

パレット単位のモノを自動的に出し入れできるため、入出荷作業を迅速に処理できる。「マルチディープ」（右上イラスト）はスタッカークレーンとシャトル台車を組み合わせることで、高密度保管を実現する

ケース自動倉庫

オリコン、段ボール、トレイなどの単位で管理するモノの入出荷作業を自動化する
写真出典）ダイフクホームページ

自動で運ぶ「コンベヤ」、自動で仕分ける「ソーター」

荷役でモノを動かす機器を、マテハン（マテリアル・ハンドリング＝Material Handling の略称）機器と呼びます。人手を減らしたり、作業スタッフの肉体的な負担を軽減したりするために導入されます。

さまざまな種類のあるマテハン機器のうち、物流施設内のある地点からある地点までモノを自動的、あるいは半自動的に移動させる、搬送系の機器の1つが「コンベヤ（コンベア）」です。

コンベヤには、動力を必要とせず、金属製ローラーの回転力を使ってモノを移動させる「フリーローラー（コンベヤ）」や、ゴム製の平ベルトや金属製チェーンを駆動させてそれらの上にあるローラーを回転させてモノを動かす「ローラー式」があります。また、平ベルトに直接モノを載せる「ベルト式コンベヤ」は、ローラー式に比べモノとの接地面が大きいため、不定形品などの搬送に適しているとされています。

仕分け系のマテハン機器には「ソーター」があります。ソーターは、モノやケース（段ボール箱など）に貼付・印字されているバーコード（1次元・2次元）などを読み取って、届け先別（店舗、事業所など）や出荷方面別（エリア別）などに自動的にモノを仕分けていく装置です。

ソーターには、コンベヤ上にあるシューと呼ばれる樹脂製部品が対象の間口（シュート口）に向けてモノを押し出すことで仕分けを処理する「スライドシュー式」や、セルと呼ばれる小型で短いベルトコンベヤ上にモノを載せて仕分けていく「クロスベルト式」などがあります。

重量があったり、数量があったりするモノの搬送や仕分けといった作業を、機械の力（コンベヤやソーター）を使って省力的かつ迅速に処理する

フリーローラー

ベルト式コンベヤ

コンベヤはモノを自動的あるいは半自動的に搬送するのに活用する

スライドシュー式ソーター

クロスベルト式ソーター

ソーターはモノを仕分けるための装置として物流施設に導入される

写真出典）右上　ダイフクホームページ
　　　　　左上　著者撮影
　　　　　左下　ダイフクホームページ
　　　　　右下　村田機械ホームページ

3 -04 パワーの「カウンター型」か、小回りの「リーチ型」か

　「フォークリフト」は荷役作業の省力化やスピード化を実現する機器です。大きく「カウンター（バランス）リフト型」と「リーチリフト型」の2つのタイプ（種類）に分かれます。動力の違いによって、「エンジン式」と「バッテリー式」に分類することもできます。

　カウンター型は、前方の爪（フォーク）でモノを持ち上げる際に重心の偏りで転倒しないよう、車両後方部に重りをつけてバランスを取る構造になっています。安定性が高く、重量のあるモノを扱うことができるとともに、移動やフォークの上下動がスピーディーで、作業効率が上がるメリットがある一方、小回りが利かないといった短所もあります。

　リーチ型は、タイヤがほぼ90度まで曲がり、小回りで走行できるため、狭いスペースでの活用に適しています。カウンター型は運転者が座った状態、リーチ型は立った状態という操作姿勢の違いもあります。

　カウンター型はエンジン式が、リーチ型はバッテリー式が普及しています。エンジン式は稼働時間が長く、パワーもありますが、排気ガスが発生するため、室内での作業には不向きとされています。バッテリー式は排気ガスの心配がないものの、電気で動くため稼働時間がやや短く、パワーも足りません。

　近年ではリチウムイオン電池や水素電池で動くカウンター型や、電池の改良で稼働時間の長いリーチ型が開発されるなど、フォークリフトの性能は、格段に向上しています。

フォークリフトの分類

フォークリフトは、「カウンターリフト型」と「リーチリフト型」、動力の違いによって「エンジン式」と「バッテリー式」に大きく分類できる

カウンターリフト型

リーチリフト型（バッテリー式）

エンジン式

燃料電池（水素）式

リーチリフト型は小回りが利く。エンジン式はパワーがあるため、重量物の搬送に向いている。環境対策としてCO_2を一切排出しない燃料電池式フォークリフトを導入する物流施設も増えている
写真出典）トヨタL&Fホームページ

単なる「台」だが、作業効率を大きく左右する

3-05

　重量のある1つのモノ、または複数の細かいモノをまとめて、効率よく動かすために載せる台を「パレット」と言います。フォークリフトで持ち上げやすいよう、脚部分にはフォークリフトの爪を差し込む空間を確保しています。パレットには、形状別に、板状の「平パレット」やシート状の「シートパレット」、箱型の「ボックスパレット」、カゴ型の「ロールボックスパレット」などがあります。

　パレットは材質でも分類できます。「木製」「樹脂（プラスチック）製」「金属製」「紙製」などがあり、このうち、最も普及しているのは木製パレットです。材質ごとに「価格が安く、補修も簡単だが、環境負荷が大きく、衛生面で劣る」（木製）、「軽量で、耐久性や衛生面で優れているが、補修が難しい」（樹脂製）、「強度・耐久性・衛生面で優位性があるが、価格が割高」（金属製）、「価格が安いが、強度が低く、湿気に弱い」（紙製）といった特徴があります。

　パレットの標準サイズは、国や地域、業界ごとに異なります。例えば、日本では「1100 × 1000mm」がJIS（日本産業規格）規格となっているのに対し、中国では「1200 × 1000mm」、欧州では「1200 × 800mm」、米国では「1219 × 1016mm」サイズのパレットが標準モデルとして広く流通しています。

　パレットは、その上に載せるモノの大きさに応じてサイズが決められることが少なくありません。サイズの種類は無数に存在すると言えます。

パレットの種類(材質)

木製

価格が安く補修が簡単

金属製

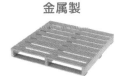

価格は高いが、強度・耐久性がある

プラスチック製

耐久性・衛生面で優れ、軽量

紙製

価格は安いが、強度で劣る

写真出典)パレットメーカー　各社ホームページほか

パレットの形状

平パレット

ボックスパレット

ロールボックスパレット

シートパレット

タブ

パレタイザー

パレタイザーはロボットアームがパレットにケース(段ボール)を自動的に積みつけていく機器。人手よりもスピーディーかつ正確に作業を処理できる。荷姿が決まっている特定アイテムを大量に生産・供給する工場倉庫の出荷エリアなどで導入されている

写真出典)ダイフクホームページ

無駄な空間を発生させないのは、どんなラックか？

3
-06

物流施設内の空間を有効に使い、たくさんのモノを保管できるようにするための什器（機器）に「ラック（棚）」があります。パレット単位やケース単位のモノをそのまま何段も積み重ねていくと、下段にあるモノは上段の重みで潰れてしまう可能性があります。しかし、ラックを活用すれば、モノを安全に積み上げることができます。

物流施設では主に「パレットラック（固定ラック）」や「ネスティングラック（ネステナー）」が活躍しています。このうち、パレットラックの特徴は、保管するモノの荷姿（にすがた）に合わせて、棚段の高さを自由に調整できる点です。「1段目1.5メートル、2段目2メートル」といった具合に高さを設定できるため、無駄な空間が発生しません。ただし、パレットラックには、設置レイアウトを変更しにくいというデメリットがあります。アンカー（杭）などで床に固定する構造になっているからです。

ネスティングラックは、ラックそのものを何個か積み上げていくかたちで使用します。ラックは固定されておらず、フォークリフトで運ぶことができます。設置レイアウトの変更が容易なうえに、未使用時には重ねた状態での収納管理が可能です。しかし、構造的に高さは固定されているため、扱うモノによっては空間効率が低下してしまいます。

ラックにはこのほかに、ケース単位やピース単位のモノを保管・ピッキングするための「中量ラック・中軽量ラック」や、モノを置く台が傾斜していて棚の後方部からモノを補充し、前方部からピッキングできる構造の「フローラック」などがあります。

保管用什器の種類

限られたスペース・空間でたくさんのモノを保管するため、さまざまな什器類が導入される

固定ラック(パレットラック)

荷姿や天井高などによってパレットを何段積むか設定。安全確保のため、ラックはアンカーで床に固定する

写真出典)著者撮影

固定ラック

棚は倉庫の床に固定する

フローラック

モノを置く台が斜めになっていて補充は後ろから、ピッキングは前から行う

ネスティングラック(ネステナー)

2〜3段積み重ねて保管効率を上げる

写真出典)SBSホールディングスホームページ

通路を最小化して、保管効率を最大に

3-07

モノを収納する棚（ラック）は通常、物流施設の床面にアンカーなどを使って固定されています。これに対して、床面に敷いたレール上を動かせるラックがあります。「移動ラック」と呼ばれるものです。ピース単位やケース単位でモノを格納するのに適した軽量物対応モデルや、モノを載せたパレットを3段積みできる重量物対応モデルなど、用途に応じてさまざまな移動ラックがあります。移動ラックは物流施設のみならず、図書館などでも採用されています。

床面に固定したラックの場合、荷役（モノの出し入れ）のために、スタッフが通行したり、フォークリフトが走行したりする通路を、ラックとラックの間に確保する必要があります。物流施設内にラックを設置する場合、通路スペースの合計が床面積全体の50％程度を占めるとされています。

一方、移動ラックは、荷役する時にだけ通路を出現させる構造のため、モノを格納するスペース（面積や容積）を大幅に拡大できます。つまり、移動ラックの導入メリットは、保管効率が飛躍的に高まることにあります。

移動ラックは、モノを出し入れする際にその都度ラックを動かさなければなりません。ラックの移動は電動や手動で、作業対象となるラックを出現させるのには相応の時間を要します。そのため、移動ラックは頻繁に出し入れするモノの格納には不向きと言えます。荷動きが少ない長期間保管するアイテムなどでの活用が適しています。

スペースを有効活用できる移動ラック

荷役時にだけ通路を出現させる移動ラックは保管効率がいいものの、入出荷頻度が多いアイテムには不向きとされている

パレット向け移動ラック

長尺物向け移動ラック

移動ラックは限られたスペースでより多くのモノを長期間にわたって保管したいというニーズに対応している
写真出典）ダイフクホームページ

ハンドル式移動ラック

ケースやバラ単位で管理するモノにも移動ラックを活用している物流施設もある
写真出典）住友ナコフォークリフトホームページ

ヒトとモノを守るために
エアコンが普及

　冷蔵・冷凍倉庫など低温（定温）状態での管理が絶対条件である場合を除けば、空調設備を導入する物流施設は従来、それほど多くありませんでした。しかし近年は、夏場に働くスタッフたちの熱中症対策や、施設内で管理するモノの暑さ（温度上昇）に起因した劣化などを防ぐ目的で、温度や湿度を調整できる空調設備（エアコン）を導入する物流施設が増えています。熱中症を引き起こすような職場環境は、労働者にとって肉体的な負担が大きすぎるとして、労働基準監督署が事業所に対して是正措置を求めるケースも出始めているようです。

　物流施設は広大で天井高もあるので、その内部全体をカバーできるようにエアコンを設置すれば、多大な設備投資を要します。電気代など日々のランニングコストの負担も大きくなります。そこで、多くの物流施設では、スタッフの作業場など特定のスペースに焦点を当てて温度・湿度を調整できる「スポットクーラー」などを各所に設置することで対応しています。

　エアコンと同等の冷却効果は期待できないものの、コスト負担が小さいことから物流施設での活用が進んでいるのが、天井付近に取り付ける大型扇風機の「シーリングファン」です。屋内全体の空気を循環させることで、熱気を逃がして室温を下げます。シーリングファンは結露防止など湿度の調整にも効果を発揮します。

　設備とは異なりますが、近年は作業服（ユニフォーム）内部にファンを組み込み、着衣内の空気を循環させる「空調服」をスタッフに着用してもらうことで、熱中症を防ごうという試みも始まっています。

物流施設の空調設備

夏場の熱中症対策や快適な職場環境づくりに向けて空調設備を充実させる物流施設が増えている

シーリングファン

シーリングファンは作業スタッフの体感温度低下や庫内での結露発生防止につながる
写真出典)スカイシアホームページ

日本GLPは2017年以降、物流施設でシーリングファンの導入を進めている。庫内労働環境の改善を目的としている。
写真出典)日本GLPホームページ

スポットクーラー

流通加工の作業場などスタッフが集まるスペースに空調設備を導入する物流施設が増えている
写真出典)ダイキン工業ホームページ

クールファンベスト

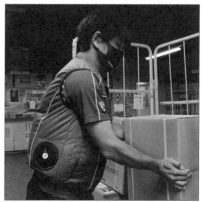

佐川急便は夏場の熱中症対策の一環としてファン付きの作業用ユニフォームを導入している
写真出典)SGホールディングスホームページ

シール貼りや値札付けに欠かせない設備・機器

スタッフによる手作業での処理が中心の「流通加工」の領域でも、省力化やスピード化、品質向上などを目的に、さまざまな設備や機器が使われています。例えば、食品や化粧品、医薬品のように塵埃の付着が許されないアイテムを扱う流通加工スペースでは、室内をクリーンルームとして機能させるため、入口部分に「エアシャワー」設備を用意しています。スタッフには入室の際にエアーを浴びて塵埃を除去することが義務づけられています。

モノにラベル（シール）を貼り付ける作業では、「ラベル自動貼付機」が活用されています。ラベルとモノの間に気泡などを入れずに綺麗にかつスピーディーに貼り付けることができます。「シーラー」は、プラスチックフィルム包材の開口部を熱などで密封するための機械です。製造日や消費期限、製造ロット番号などをモノや外箱に印字するための「プリンター（印字機）」なども活躍しています。

機械そのものによる処理ではなく、スタッフの作業をサポートするための機器も豊富です。商品価格などが記載されたシール状の値札（ラベル）を貼付するのに使用する「ハンドラベラー」は、スタッフが操作して目的の箇所に値札を貼り付けていきます。

「タギングガン」は主にアパレルや雑貨に値札や商品ラベルを貼り付ける際に活用されるハンディータイプの器具です。値札やラベルとモノを重ねるようにした上からガンを操作すると、ガンの針を通じてプラスチック製のピンがモノに打ち込まれ、値札がピンでモノに括り付けられる仕組みです。

流通加工関連の設備・機器

流通加工の品質や作業スピードの向上のため、物流施設ではさまざまな設備や機器を導入している

エアシャワー

作業スタッフはエアシャワーを浴びて身体についた塵やホコリを落とした後、クリーンルームに入室する
写真出典）左・中　データビジネスサプライニュースリリース
　　　　　右　日本エアーテックホームページ

ラベル自動貼付機

EC向け商品など出荷量の多いアイテムを扱う物流施設ではラベル自動貼付機を活用して作業スピードを高めている。機械では対応しにくい箇所へのラベル貼付にはハンドラベラーを活用している
写真出典）サトーホームページ

3 -10 段ボールへの箱詰めにも 機器による支援が進む

　物流施設では、梱包・包装作業を効率化するためにさまざまな機器が導入されています。「シュリンク包装機」は化粧品などが入った小箱を薄いフィルムで密着して覆うための機械です。商品（小箱）が未開封の状態であることを保証し、商品を塵埃や汚れから守ることを目的としています。シュリンク包装は流通加工機能の一部であるとも言えます。

　モノを収める段ボールを自動的に組み立てる機械もあります。「自動段ボール製函機」などと呼ばれています。段ボールは上部の開閉面以外の部分が組み立てられた状態で機械から出てくるため、スタッフはモノを箱詰めする作業に専念できます。

　段ボールへの箱詰めまでの工程を自動的に処理する「自動包装機」もあります。日々膨大な出荷対応が求められるネット通販向け物流施設などで近年導入が進んでいます。機械がモノの三辺を計測し、サイズに合った段ボールを作成した後、箱詰めを済ませます。

　パレットに積んだモノ同士や、モノとパレットをしっかりと固定するためにストレッチフィルムを巻きつける工程を、自動または半自動で処理するのが「ストレッチフィルム包装機」です。的確な巻きつけを施すことで、荷役中や輸配送中の荷崩れを防ぐことを目的としています。

　このほかにも、菓子折や中元・歳暮品などに商業用包装するための「キャラメル包装機」や、複数のケース（段ボール）をまとめた状態にするための「結束機」などが活躍しています。

梱包・包装の領域でも機械化・自動化が進んでいる

シュリンク包装機

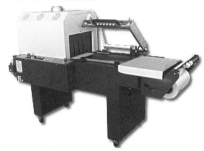

包装（シール）したモノを自動的にシュリンクトンネル（熱風路）に搬送する
写真出典）日本包装機械ホームページ

ストレッチフィルム自動包装機

パレット貨物に自動的にストレッチフィルムを巻き付けて荷崩れを防止する
写真出典）シライホームページ

3辺自動切出し製函封函機

梱包するモノの3辺サイズに合わせて段ボールを自動で製造する
写真出典）タナックスホームページ

物流施設の将来ユーザーを育てる
10坪の零細テナントにも
大口顧客に成長の夢が

　物流施設の保管・荷役スペースを10〜100坪といった小さい区画で賃借できるサービスが人気を集めています。物流不動産開発会社や倉庫会社などがスペースを提供し、ECビジネスを立ち上げたばかりのメーカーや小売り、入出荷のボリュームがそれほど大きくない中小零細規模のネット通販会社などが、主な入居者(テナント)となっています。現状の身の丈に合ったサイズでスペースを確保できるため、利用者にはムダなコスト負担を回避できるメリットがあります。

　ハンドフォークやフォークリフト、パレットなどの荷役機器は共用でき、テナントがそれぞれに用意する必要がありません。スタッフの入退出をチェックするセキュリティーシステムや情報通信ネットワークの環境も整っています。作業スタッフが足りない場合には、人材派遣サービスを利用して補充することもできます。

　スペースを提供する側は、区画が小さい分、坪当たりの貸し出し単価を高く設定しています。1000坪を1テナントに貸すよりも、50坪を20テナントに貸したほうが管理の手間こそ掛かりますが、全体の収益は上がりやすくなります。

　テナントは事業の成長とともにより広い保管・荷役スペースが必要になります。50坪だったのが200坪に。さらに200坪から500坪に拡大した後、2500坪のワンフロアを賃借するようになります。その際には自社の物流施設を改めて利用してもらおうと、新興のテナントを手厚くサポートしています。

4 章

入荷、検品、格納業務の基本
物流センターの業務（I）

物流施設の業務には、
トラックの荷降ろしのような力仕事もあれば、
商品の小さなキズまでチェックする
目視検品のように繊細な作業もあります。
この章では、入荷から出荷までの
物流施設の業務フローの前半、
入荷、検品、格納について説明します。

4
-01

届いたモノを受け取り、物流施設内に入れる

入荷業務（作業）とは、自社工場や仕入先、他の物流施設などから送られてきた（運ばれてきた）モノを受け取り、物流施設の中に入れることを指します。この業務は、物流施設内の「バース」（2-5参照）と呼ばれるスペースで処理するのが一般的です。

モノを積んだトラックが物流施設に到着してバースに接車します。続いてトラックの荷台部分からモノを次々と取り出してバースに置きます。この業務が入荷です。その担い手は、トラックのドライバーであったり、物流施設側の作業スタッフであったり、モノを送る側と受け取る側との取り決め（契約内容）によって異なります。

入荷の作業負荷は、物流施設に到着するモノの荷姿に左右されます。フォークリフトを使って取り出せるパレットや、手押しで動かせるカゴ車（ロールボックスパレット）にモノが積まれていれば、短時間で取り出せるため、入荷はスムーズに処理できます。

これに対して、トラックの荷台部分にモノがケース単位で直接積まれている（バラ積み）場合には、1つずつ手作業で取り出していく必要があるため、多大な労力と時間を費やすことになります。大型トラックの荷台や40フィートサイズの海上コンテナにバラ積みされたモノは量が多いため、入荷に1台当たりで数時間から半日を要することもあります。

入荷は午前中に処理するケースが多いようです。輸配送が夜間に行われていたり、午後はバースを出荷に使用したりするからです。

入荷業務：トラックの荷台から物流施設内へ

物流施設に到着したトラックの荷台からモノを取り出して入荷する。パレットやカゴ車などの荷役機器にモノが載っていると入荷は短時間で処理できるが、バラ積みの場合は作業に時間が掛かる

40フィートの海上コンテナにバラ積みされたケースを1つずつ物流施設に入荷する様子。荷台から取り出したケースをパレットに積み替えた後、フォークリフトで格納場所まで搬送している
写真出典）著者撮影

モノの数と状態を確認し、
正式に受け入れるか判断する

「検品」とは、物流施設で受け入れるモノが注文した通りのアイテムなのか、数量に間違いはないか、汚れや傷などはないか、などを確認する業務です。物流施設で入荷時に実施する検品は「入荷検品」と呼ばれています。

検品は商取引上とても重要な業務です。例えば、モノを購入（仕入れ）する場合、注文内容と異なるモノが届いた（納品された）ら、購入側はお金（購入代金）を支払いません。購入側は正しいモノを改めて納品するよう相手先に要求したり、注文そのものをキャンセルしたりするはずです。注文通りのモノが届き、それを受け入れた（受領した）ことを相手先に伝える（代金の支払いなど）ことで、初めて商取引は成立します。検品はモノを正式に受け入れる（商取引を成立させる）かどうかを判断するための業務と言えます。

注文とは異なるモノが納品されるのは、相手先のミス（受注間違いや誤出荷など)に起因しているケースがほとんどです。ただし、相手先が「少しくらい不良品が含まれていても気づかないだろう」と悪意を持って粗悪なモノを送ってくることもあります。自らが不利益を被らないようにするためにも、検品には細心の注意を払うべきです。

もっとも、相手先との間に長年の信頼関係や豊富な取引実績があったり、過去に納品ミスがほとんどなかったりする場合には、検品業務そのものを省略する「ノー検品」でモノを受け取ることもあります。ノー検品は業務簡素化やコスト削減につながります。

検品：注文通りかを入荷前に確認

検品では、物流施設に入荷するモノが注文通りのアイテムなのか、数量は正しいか、汚れやキズがないかを確認する

納品されたモノが注文どおりに
届いているかをチェックする

工場　サプライヤー　→　倉庫　物流センター

納品

良品　→　入庫確定

不良品　→　返品

数量過不足

品違い　→　返品・再納品依頼

写真出典）SBS ホールディングス
ホームページ

写真出典）関通ホームページ

**物流施設に到着したモノを実際に開封して、
その状態や数量を目視やバーコードスキャンでチェックする**

使い分けは、取引実績や信頼関係に応じて

物流施設に届いたモノをすべてチェックする検品を「全数検品」と言います。全数検品では、段ボールなどのケースを開梱し、モノをひとつひとつ取り出して、注文通りのアイテムか、数量は合っているか、傷や汚れはないか、などを確認していきます。

全数検品は、すべてのモノを調べるため、不良品を誤って受け取ってしまうリスクが下がります。ただし、膨大な量が入荷された場合、チェック（検品）には多大な時間を要します。当然、その分コストも掛かってしまいます。

これに対して、入荷されたモノのうち、一部だけをチェックする検品を「抜き取り検品」と呼びます。任意で選んだケースを開梱し、中身を確認します。その結果、問題がなければ、すべての入荷を認めるというやり方です。「納品1回につき、任意の1ケースをチェック」や「納品100ケース当たり1ケースをチェック」といった具合に、自社内や取引先との間で独自の基準・ルールを設定するケースが多いです。前項で触れた「ノー検品」と同様、モノを送り込んでくる相手先との信頼関係や取引実績で、抜き取り検品にするかどうかを決めます。

抜き取り検品には、全数検品に比べ作業時間やコストを大幅に削減できるメリットがあります。その一方で、抽出したモノだけをチェックするため、残りに含まれる不良品を見落としてしまう可能性は否定できません。

検品の方法（1）

物流施設では大量のモノを入荷する。信頼や実績のある相手から届いたモノの場合には、全体のうちの一部を抜き取るかたちで検品を行うケースもある

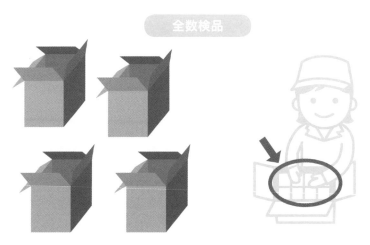

全数検品

入荷するすべてのモノを1つずつ確認する

抜き取り検品

入荷するモノのうち一部を取り出してチェックする

業務効率化につながる「デジタル検品」

作業スタッフの目でモノをチェックする検品を「目視検品」と言います。物流施設に届いたモノが受け取るべき対象なのかどうかを、注文書（発注書）や納品書といった伝票に記載された内容（アイテム名や品番、色、数量など）と現物を照合して確認します。

目視検品は、検品すべきモノの数が少ない場合に向いています。数が多いと、1つずつ照合していく分だけ処理に時間が掛かるほか、人間の認知能力に頼る以上、見落としなどのミスが起こりやすくなるからです。

目視検品は人の目と紙を使ってモノを確認するアナログな方法です。これに対して、機械を用いる検品を「デジタル検品」と呼びます。デジタル検品では、ハンディーターミナルやタブレット、スマートフォンといった情報端末で、モノそのものやモノの入ったケースなどに印字されているバーコード（1次元や2次元）を読み取る（スキャンする）ことで、モノが正しいかどうかを確認します。

デジタル検品では「どんなモノをいくつ注文したのか」や「どんなモノが届く予定なのか」といったデータを、予め端末にインプットしておきます。モノの詳細データが紐付けされているバーコードをスキャンし、端末内のデータと照合することで、正誤をチェックする仕組みです。

デジタル検品はバーコードを読み取るだけなので、処理に時間が掛かりません。数量のカウント間違いなどのミスも生じません。業務効率化につながるため、デジタル検品を採用する物流施設は年々増えています。

検品の方法(2)

検品方法には、作業スタッフの目でモノを確認する「目視検品」と、ハンディーターミナルなどの機械を使ってバーコードを読み取る「デジタル検品」がある。近年はデジタル検品が主流になりつつある

目視検品

発注書や納品書など帳票類を見ながら現物と照合する。汚れやキズは作業員の目で見つける

デジタル検品

モノそのものやモノが入った段ボールに記載されているバーコードを読み取って、注文情報や納品情報と照合して正誤をチェックする

写真出典)SBSホールディングスホームページ
　　　　ニチレイロジグループホームページ

入荷のコストは誰が負担する？

4-05

　トラックで「輸配送」されたモノが物流施設に到着した際に、トラックの荷台からモノを取り出す「入荷」の業務は本来、物流施設側のスタッフが担当しなければなりません。トラックによる輸配送では、目的地まで運んだものを届け先に「車上渡し」するのが原則だからです。つまりトラックの業務責任範囲は運ぶまで。荷台からモノを取り出すことやその先の業務は物流施設側が責任を負うルールになっています。

　しかし現実には、モノを運んできたトラックドライバー自身が荷台からモノを取り出して物流施設側に渡しているケースが少なくありません。しかもサービスの一環として無償で入荷を手伝っています。モノのサイズや数量、荷姿などによって長短があるとはいえ、入荷は時間を要する業務です。本来であれば、それなりの費用が掛かるはずですが、無償の役務が提供されれば、モノを受け取る側（物流施設側）のコスト負担はゼロと解釈できます。

　物流施設側が自ら作業を担う場合の入荷コストは、「作業時間当たりいくら」「トラック1台当たりいくら」「モノ1個当たり、1ケース当たりいくら」などで算出するのが一般的です。

　例えば、海上コンテナ1個に満載されたバラ積みのモノをすべて入荷するのに作業スタッフ2人で3時間を要するとします。その場合、「スタッフ1人当たりの作業単価（1時間当たり）×2人×3時間」がこのコンテナの入荷コストであり、それに管理費や利益などが加算された額が入荷料となります。

誰がどのように入荷業務を行うか

> トラックの荷台からモノを取り出して物流施設内に入れる「入荷」業務は物流施設側で担当するのが原則だが、長年の慣例でトラックドライバーが無償で手伝っていることもある

フォークリフトでの荷降ろし作業

トラックからモノを取り出す作業は本来、荷受け側の負担・責任となるが、実際にはドライバーが担当するケースが少なくない

手作業での荷降ろし作業

写真のような荷降ろし作業の場合、スタッフ3人が2時間稼働すると、入荷コストは「1人当たり作業単価（1時間当たり）×3人×2時間」のように計算されるケースが多い

単価が高めでも「目視」が必要な検品とは

　物流施設に到着したモノが注文した内容と合致しているかどうかをチェックする「検品」の作業に掛かるコストは、検品を担当するスタッフの数と検品に費やした時間で決まります。「1時間当たりの人的費用×人数×作業時間」で計算するのが一般的です。「デジタル検品」の場合には、さらに情報端末の使用コストなどを加算します。

　検品の作業は、チェックすべき項目が多くなればなるほど時間が掛かります。例えば、モノが入っている外箱だけの場合もあれば、箱の中から取り出してモノそのものを確認する場合や、箱に入っているモノの数のチェックが必要な場合もあります。検品に時間を要すれば、その分コスト単価は上がります。

　「目視検品」は「デジタル検品」に比べ、単価が高めになる傾向があります。作業スタッフの目に頼る「目視検品」は、モノそのものやケースなどに印字されたバーコードをスキャンするだけ済む「デジタル検品」よりも、チェックに時間（手間）が掛かるからです。

　迅速に作業を処理できる「デジタル検品」は、コストや料金の面で優位性があります。ただし、バーコードの読み取りで照合できるモノの品番や数量などとは異なり、汚れや傷は目視でしか確認できません。また、サイズが極端に小さかったり、異形だったりするモノには、デジタル検品の前提となるバーコードを印字できないこともあります。これらは、作業単価がやや割高であっても「目視検品」に頼らざるを得ません。

検品方法によるコストの違い

検品では、確認の作業にどれだけの時間を要するかでコスト単価が決まる。チェック項目が多ければ、モノ1個の検品に掛かるコストは上がる

検品コスト

目視検品＞デジタル検品

目視検品

メリット
● 汚れやキズをチェックできる
● モノのサイズや形に制限がない

デメリット
● チェックに時間が掛かる
● 数量カウントを間違える可能性がある
● 多くの作業スタッフを要する

目視検品は作業に時間が掛かる分、**コスト単価は割高**になる

デジタル検品

メリット
● チェックに時間が掛からない
● 経験の浅いスタッフでも対応できる

デメリット
● 汚れやキズはチェックできない
● バーコードが印字できるモノに限定される
● 情報端末などへの投資を必要とする

バーコードをスキャンするだけで済むデジタル検品は作業スピードが速いため、**コスト単価は割安**に設定されている

4 -07 物流施設内の適切な場所にモノをおさめる

　入荷や検品が済んだモノを物流施設内の決められたスペースまで運んで、床に直接置いたり、ラック（棚）の中に入れたりすることを「格納」と言います。格納する場所までのモノの移動には、人手（手作業）のほかに、台車やフォークリフト、無人搬送車といった荷役機器を使用することもあります。

　天井高のある物流施設では、その容積を活かすため、ラックを数段重ねてより多くのモノを格納できるように空間（スペース）のレイアウトを設計しています。人の手が届かない高い位置には、フォークリフトを使ってモノを持ち上げて格納します。高い位置への格納作業は、荷崩れなどが生じた場合、重大な労災事故につながる可能性があるため、細心の注意を必要とします。

　格納したモノは一定の期間、その施設内に留まることになります。この状態を「保管」と言います。モノが動かずに保管されている状態は、出荷のために保管場所から取り出される（ピッキングされる）まで続きます。

　ただし、モノは取り出されるまでずっと同じ場所に留まっているとは限りません。施設内で格納・保管される場所を転々とすることも少なくありません。施設内に入ってきた当初は天井付近に置かれていたものの、出荷のタイミングが近づいてくると、作業スタッフの手が届きやすくピッキングが容易になる床付近のスペースに"引越"してくるケースもあります。

物流施設内のスペースに格納したモノは一定の期間、その場所に留まる。モノが動かずに保管されている状態は、出荷のために保管場所から取り出される（ピッキング）まで続く

入荷・検品を終えたモノをラックに格納するまでの作業フロー

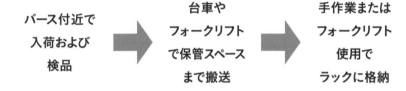

バース付近で
入荷および
検品

→

台車や
フォークリフト
で保管スペース
まで搬送

→

手作業または
フォークリフト
使用で
ラックに格納

物流施設に到着したモノは入荷チェック後にラック（棚）に格納される。パレット状態のモノはフォークリフトを使って搬送する

物流施設内での保管状態

モノはパレット単位、ケース単位、ピース単位で保管される
写真出典）著者撮影

「固定ロケーション」と「フリーロケーション」

物流施設のどの場所にモノをどれだけ置いた（格納・保管した）のか。その情報をすべて頭の中で把握しておくのは容易なことではありません。とりわけ、広大なスペースを有し、大量のモノが日々出し入れされるような大規模な物流施設では、保管場所の"丸暗記"は不可能と言えるでしょう。

施設内のどこ（場所）に、どんなモノ（アイテム）が、どれだけ（数量）置かれているのかを明確にすることを「ロケーション管理」と言います。ロケーション管理には、「固定ロケーション」と「フリーロケーション」の 2 つの手法があります。

固定ロケーションでは、モノを格納・保管する場所をあらかじめ決めます。モノを置く場所に「住所」（ゾーンや位置）と「部屋」（特定のスペース・空間）を割り振り、モノ A は部屋 a に、モノ B は部屋 b に、といった具合に、"入居先"を固定するルールになっています。あるモノを入れる「住所」「部屋」は常に同じなので、モノを探しやすいメリットがある一方で、対象のモノが入ってこなければ、「部屋」が空室状態になるため、無駄な空間が生じて保管効率が低下するデメリットがあります。

フリーロケーションでは、空いている「部屋」にどんどんモノを入れていきます。そのため、固定ロケーションとは異なり、無駄な空間は発生しません。ただし、どのモノをどの「部屋」にいくつ入れたかという情報をきちんと管理しておかなければ、施設内でモノを見つけるのが困難になります。

ロケーション管理＝格納・保管場所の管理

ロケーション管理によって、物流施設のどこにモノを置いたのかが明確になる

ロケーション番号があると目視でも場所がわかる

物流施設では、モノを置く場所に「住所」(ゾーンや位置)や「部屋」(特定のスペース・空間)を割り振っている

写真出典) 著者撮影

固定ロケーションとフリーロケーション

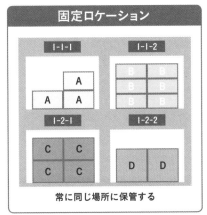

固定ロケーション

常に同じ場所に保管する

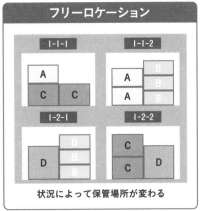

フリーロケーション

状況によって保管場所が変わる

固定ロケーションでは、モノそれぞれの格納・保管場所をあらかじめ決めるのに対し、フリーロケーションでは、空いている「部屋」にどんどんモノを入れていく

保管料は在庫量の増減に合わせて計算する

4-09

　物流施設内のスペースにモノを溜めておく「保管」にはコストが掛かります。例えば、住居を借りる場合、物件に応じて家賃（賃料）が発生します。それと同じように第三者が保有・運営する物流施設内にモノを置く場所を用意・確保してもらえば、スペースの広さや空間容積の大きさなどに合わせて「保管料」を支払わなければなりません。

　住居は都心部にあったり、最寄り駅から近かったり、建物が立派だったりすると、家賃が高くなります。物流施設も同様で、利便性が高くなると、保管料単価は高くなる傾向にあります。保管料単価は土地代、建物代（建築費）といった初期投資費用や、日々の施設管理費などを基に設定されます。

　第三者が保有・運営する物流施設でモノを預かってもらう場合の保管料にはさまざまな料金体系があります。「坪建て保管料」（スペース1坪当たり単価×使用面積）や「個建て保管料」（1ケース当たり単価×個数）、「容積建て保管料」（1立方メートル当たり単価×使用容積）、「パレット建て保管料」（1パレット当たり単価×枚数）などです。どの料金プランが適しているのかは、保管するモノの特性や量などによって異なります。

　物流施設ではモノが頻繁に出入りします。そのため、保管料には「3期制」というルールが設けられています。1カ月を「1日〜10日」「11日〜20日」「21日〜末日」の3期に分けて、保管料を算出するというものです。当該月の保管料の総額は、各期中のモノの増減を計算したうえで決まります。

保管料の計算例（個建ての場合）

保管料 = （前期末保管在庫数 + 当期入庫総数）× 保管料単価

段ボール1ケースの保管料は1期当たり30円で設定

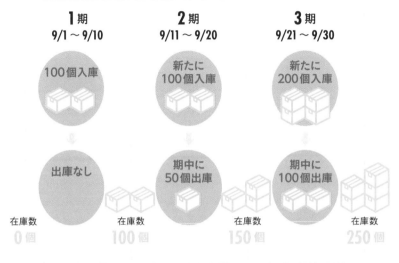

1期	**2**期	**3**期
9/1 ～ 9/10	9/11 ～ 9/20	9/21 ～ 9/30
100個入庫	新たに100個入庫	新たに200個入庫
出庫なし	期中に50個出庫	期中に100個出庫

在庫数	在庫数	在庫数	在庫数
0 個	100 個	150 個	250 個

(0+100)×30円	(100+100)×30円	(150+200)×30円
= 3,000 円	= 6,000 円	= 10,500 円

9月度の保管料（合計）

3,000 ＋ 6,000 ＋ 10,500 ＝ 19,500 円

3期制をとらない場合

8月末在庫数 ＋ 9月度入庫数　合計　1カ月当たり保管料単価（1期分×3）

（ 0 ＋ 400 ）×（ 30 × 3 ）＝ 36,000 円

保管料には、「坪建て保管料」や「個建て保管料」、「容積建て保管料」、「パレット建て保管料」などさまざまな料金体系がある

「ピンポン置き配」も浸透

「置き配」は、ドライバーにも
物流施設にもメリット大

　荷物を受取人に手渡しするのではなく、玄関先などに置いて配達を終えることを「置き配」と言います。荷物を受け取った証である受領印を取らない置き配は、荷主や受取人との間でトラブルに発展する恐れがあるため、宅配便業界では長らくタブーな行為とされてきました。

　しかし、配達ドライバーたちにとって大きな作業負荷となっていた不在に伴う再配達を減らしたり、荷受人が希望日に荷物を受け取ったりできるようにする目的で、ここ数年は置き配の容認や浸透が進んできました。とりわけ新型コロナ以降は、非対面・非接触での受け取りを希望する荷受人が増えています。物流施設にとっても置き配は、持ち戻りの荷物が減り省スペース化につながるといったメリットがあります。

　置き配では、「玄関前」「自転車カゴ」「ガスメーター」「宅配ボックス」など、配達時に荷物を置く場所を予め指定できるようになっています。ただし、これらはあくまでも不在を前提したメニューです。現在、徐々にニーズが拡大しつつあるのは、"在宅時の置き配"で、配達員が荷受人に訪問を告げた後、荷物を玄関先に置いて帰り、荷受人はすぐに荷物をピックアップするというスタイルになります。

　インターホン越しに、配達員と荷受人が荷物を手渡しにするか、それとも置き配にするかを協議し、最終的に置き配を選んだ場合、その置き配を「ピンポン置き配」と呼んでいます。新型コロナの長期化などを背景に、今後はこのピンポン置き配が宅配便での荷物の受け渡し方法の主流になっていき、対面での受け取りはいずれ消滅するのではないか、と私は見ています。

5 章

ピッキング、
流通加工業務の基本
物流センターの業務(2)

この章では、「ピッキング」「流通加工」の
2つの業務について説明します。
ピッキングは、物流の6大機能のうち「荷役」の一部ですが、
物流施設の保管スペースからモノを取り出す作業なので、
「保管」「荷役」の2つをつなぐ役割ともいえます。
流通加工は物流の6大機能の1つで、
モノの付加価値を高める作業です。
さまざまな作業があるうえ、物流施設が担う範囲は年々拡大しています。
どちらも一見細かい作業ですが、物流施設の重要な業務です。

5 -01 対象のモノを取り出す、人手が頼りの作業

　物流施設内の保管スペースからモノを取り出すことを「ピッキング」と言います。どのアイテムをどれだけ取り出すべきか、どこに格納（保管）されているのかといった情報は、指示書（ピッキングリスト）を通じて把握することができます。

　ピッキングは人手によって処理するのが一般的です。作業スタッフは指示書に従って対象のモノが置かれている施設内のロケーションまで出向き、必要な分だけモノを取り出します。パレット単位でモノをピッキングする場合にはフォークリフトを使用することもありますが、ケース単位やピース単位の場合は手作業に頼ることになります。そのため、大量のオーダーに対応するには、数多くの作業スタッフを要します。

　多大な労力や時間、コストが掛かるピッキング作業の生産性を高めようと、物流施設ではさまざまな対策を講じています。例えば、次から次へとモノを取り出せるようにピッキングする順番をあらかじめ設定（動線設計）することで、施設内を動き回る作業スタッフの歩行距離ができるだけ短くなるようにしています。

　さらなる生産性向上を追求するため、近年ではロボットを活用したピッキングの試みも始まりました。1つは、ロボットがモノの入った棚やケースを作業スタッフの待つ場所まで運び、スタッフはその場でピッキングすることが可能になるため、歩行移動が発生しないというものです。もう1つはロボットアームがケースなどの中から必要なモノを取り出す、人手を介さずにピッキングできる仕組みです（8章参照）。

多くの人手を要する「ピッキング」

保管している場所から出荷のためにモノを取り出す作業を「ピッキング」と呼ぶ

カートを使ったピッキング

保管場所からモノを取り出してカート（台車）に載せていく
写真出典）左　著者撮影
　　　　　右　ダイフクホームページ

デジタルピッキング

どの棚から何をいくつ取り出したらよいのかを
ランプや表示器が知らせてくれる
写真出典）ダイフクホームページ

ボイスピッキング

ピッキングすべきアイテムや数量をイヤホンを
通じて作業スタッフに音声で知らせる
写真出典）シーネットホームページ

5
-02
「種まき式」「摘み取り式」それぞれの特性

　ピッキングには、「種まき式（トータルピッキング）」と「摘み取り式（シングルピッキング）」の2つの方法があります。

　種まき式とは、いったん複数の注文分のモノをまとめて取り出した（ピッキングした）後、注文ごとに仕分けしていくというものです。仕分け用ケースなどにモノを入れていく様子が「種をまく姿」に似ていることから、そう呼ばれています。コンビニ店舗など供給先の数が決まっている、かつ対象アイテム数は少ないものの、1アイテム当たりの出荷量は多い、といった場合に採用される傾向にあります。

　種まき式には、まとめてモノをピッキングするため、作業スタッフの歩行距離や時間が短くて済むという利点があります。一方、デメリットはピッキング後に「仕分けする」という工程が加わってしまうことです。

　摘み取り式とは、注文ごとにモノをピッキングしていく方法です。ネット通販のように、大量のアイテムを取り扱っているが、1アイテム当たりの出荷量は少ない「多品種小ロット」への対応に向いているとされています。

　摘み取り式は、種まき式のような仕分け工程を伴わないため、ピッキング以降の出荷までの作業を迅速に処理できます。ただし、ピッキングの担当スタッフが注文ごとに物流施設内を動き回るため、トータルの歩行距離や時間が長くなるなど、作業負荷が大きいというデメリットがあります。

2つのピッキング方式

種まき式

複数の注文分をまとめて
取り出してきたモノ

B　C　D

一度まとめて取ったモノを
出荷先別に仕分ける

摘み取り式

A

出荷先ごとに
1つずつ取っていく

種まき式は、コンビニ・量販店向け物流センターにおいて店舗別に荷揃えをしていく場合に採用されることが多い。摘み取り式は供給先が一般消費者である書籍やDVD、雑貨などを扱う通販向け物流センターなどで主に展開されている

5
-03
川上から川下に向かう
ほど小さな単位に

　ピッキングには、一度に取り出す量に応じて、「パレットピッキング」「ケースピッキング」「バラ（ピース）ピッキング」などの単位があります。「パレット」はモノ1パレット単位で、「ケース」はモノ1ケース単位で、「バラ」はモノ1個単位でピッキングすることを示しています。

　パレットは通常、複数個のケースが段積みされた状態になっています。その重量はアイテムや個数によって数十〜数百キログラム、1トン超に達することも少なくありません。手作業で取り出す（ピッキング）ことは不可能なため、フォークリフトやハンドフォークといった荷役機器が用いられます。一方、ケースやバラのピッキングは原則、人手で処理されます。

　ピッキングの単位は、モノを納品する先のニーズ（注文）や取引条件で決まります。メーカーから一度に大量のモノを仕入れる卸の物流施設に向けた供給や、メーカー工場〜メーカー物流施設間のモノの移動では、パレット単位でのピッキングが展開されます。

　これに対して、卸の物流施設から小売りの物流施設向けにはケース単位で、小売りの物流施設から小売りの店舗向けにはバラ単位でピッキングが施されるケースが多いです。ネット通販商品を扱う物流施設でのピッキングもバラ単位が大部分を占めています。

　サプライチェーンの川上から川下に向かうほど、ピッキングの単位は小さくなっていく傾向があります。

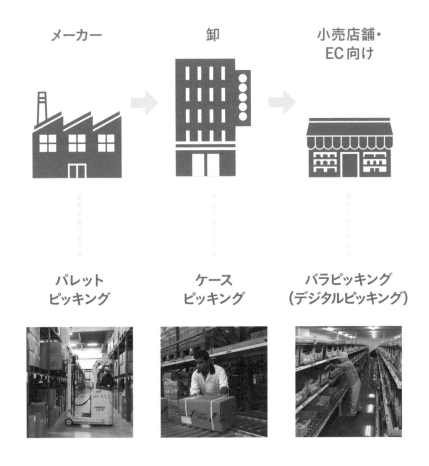

モノの流れと主なピッキングの単位

メーカー	卸	小売店舗・EC向け
パレットピッキング	ケースピッキング	バラピッキング（デジタルピッキング）

メーカー（工場）〜卸〜小売り店舗・EC向けと、サプライチェーンの上流から下流に向かうにつれて、ピッキングの単位は小さくなっていく

人的ミスを減らし、作業生産性を高める

　物流施設内のどのロケーションからどのアイテムをどれだけピッキングすべきかを伝える指示書（ピッキングリスト）は、紙ベースであることが一般的です。作業スタッフはリストの記載内容を目視で確認し、モノと見比べながらピッキングを進めていきます。

　目視である以上、数量間違いなどヒューマンエラー（人的ミス）が発生するリスクは高くなります。それを防ぐ目的で導入するのが「デジタルピッキングシステム」です。モノを格納する棚に設置された表示器が、どのアイテムをどれだけ（数量）ピッキングすべきかを、ランプの点灯や数字で作業スタッフに知らせてくれる仕組みになっています。デジタルピッキングシステムは主に「バラ（ピース）ピッキング」の領域で活用されています。

　紙のリストを使ったピッキングでは、作業スタッフはあらかじめモノの特徴などを学習・理解しておく必要があります。例えば、ピッキングすべき2つのモノの特徴が類似している場合、その違いをきちんと把握しておかなければ、取り間違いなどのミスが生じてしまうからです。

　これに対して、デジタルピッキングでは、表示器が知らせてくれるモノを取り出すだけで済みます。そのため、モノの知識に乏しい実務経験の浅いスタッフでもピッキング作業を円滑に進められるようになるとともに、人的ミスの発生を減らせるといったメリットがあります。また、ピッキングの順番は歩行距離が短くなるように設定されるため、作業生産性が高まり、コスト削減を実現できます。

デジタルピッキングのメリット

人為的なミスを防ぐとともに、実務経験の浅いスタッフでも効率良く作業を進められるメリットがある

リストピッキング

従来の方法。シート（リスト）を目視で確認しながらピッキングを行うため、ミスが生じるリスクがあるほか、作業に時間が掛かってしまう
写真出典）大和物流ホームページ

デジタルピッキング

ランプや表示器の指示に従うだけで作業を進められる。ミスが発生しにくいうえに、作業スピードも速い
写真出典）ダイフクホームページ

5 -05 生産者・販売者に代わってモノを加工する

モノに加工を施して付加価値を高める作業を「流通加工」と言います。流通加工は物流施設内に専用の、あるいは一時的な作業スペースを確保して処理します。

具体的には、ラベル貼り、値札・タグ付け、詰め合わせ（アソート）、封入、組み立て、カッティングといった作業が流通加工に相当します。もっとも、物流施設に届いたモノをそのままの状態で相手（取引先など）に供給（出荷）する場合には、流通加工は発生しません。

流通加工はモノを提供する側、または受け取る側からの依頼を受けて対応することになります。生産工程の一部を肩代わりする作業は「生産加工」、販売に付随する工程の一部を担うのは「販売（販促）加工」と呼ばれています。

物流施設でカバーする流通加工の対象範囲は年々拡大しています。手間の掛かる作業である流通加工を物流施設側が引き受けることで、モノの提供側と受け取り側の双方はそれぞれ生産活動や販売活動などのコア業務に専念できるといったメリットがあります。

流通加工の多くは、機械などを使って自動化することが困難なため、手作業での処理を余儀なくされます。流通加工の対象となるモノが多ければ、それだけ数多くの作業スタッフを要することになります。また、特殊な作業も少なくないため、スタッフには個々の作業内容に応じた高いスキルが求められます。

流通加工の範囲

流通加工＝製品に様々な加工を施して商品としての付加価値を高める作業

食べられない部分を取り除いたり、
販売する単位に合わせて
野菜をカットする

輸入ワインに
日本語表記ラベルを貼る

違う種類の商品を詰め合わせて
ギフトセットを作る

バラ単位の化粧品ボトルを
箱詰めする

5
-06

カット野菜作りもあれば
パソコンのセッティングも

　流通加工の具体例をいくつか紹介します。「ラベル貼り」はモノその
ものやモノが入った容器などに商品ラベルや表示ラベルを貼り付ける作
業です。ラベルは通常、モノの生産時に貼付されますが、例えば、輸入
品では外国語表記のラベルがそのまま貼付されていることがあるため、
日本市場で販売するための準備として日本語表記のラベルに貼りかえる
作業が必要となります。

　「値札・タグ付け」は、アパレル製品や雑貨などに、値段やバーコード、
品番などを表示する札（タグ）を取り付ける作業です。糸やプラスチッ
ク製ピンなどで札とモノを、工具（「タギングガン」など）を用いて結
びつけます。

　「詰め合わせ（アソート）」は、複数の異なるアイテムのモノを、1つ
の箱にセッティングする作業です。さまざまな調味料が詰め合わせ状態
になったギフト品（中元・歳暮品など）などをイメージしてください。
モノを入れるケース（箱）づくりも流通加工に該当します。

　チラシやパンフレットを人手や機械で3つ折りにして封筒の中に入れ
たり、小売店舗などに陳列するパネルや幟（のぼり）といった販促用POPを組み
立てたり、野菜を食べやすい大きさや販売単位に合わせてカットしたり
する作業も流通加工です。さらに、近年では流通加工業務として、パソ
コンやタブレットに事前にアプリケーションなどをインストールしてす
ぐに使える状態にしておくセッティング（キッティング）作業に対応し
ている物流施設も存在します。

アパレル製品の箱詰めやタグ付け

写真出典）著者撮影

カット野菜の袋詰め

化粧品のセッティング

生産工程の一部を肩代わりする作業は「生産加工」、販売に付随する工程の一部を担うのは「販売（販促）加工」と呼ばれる
写真出典）SBSホールディングスほか

キッティング

写真出典）日立物流ホームページ

5-07 熟練度が上がると コスト単価は下がる

　流通加工のコストは、処理すべき作業量を何人のスタッフで何時間掛けて済ませたかで決まります。例えば、化粧品3万個のラベル貼りにスタッフ3人で5時間掛かったとすると、コストの総額は「スタッフ1人当たりの時給が1000円の場合、「1000円×3人×5時間＝1万5000円」と計算できます（管理費などを考慮しない単純計算の場合）。ラベル貼りの1個当たりのコスト単価は「3万個÷1万5000円＝2円」となります。

　流通加工では、複雑な工程になればなるほど、その分だけ処理に時間が掛かることになります。したがって、箱詰め（セッティング）や組み立てなど複雑な工程を要する作業は、ラベル貼りのような単純な作業に比べ、コスト単価は高くなります。

　ただし、スタッフの熟練度が上がるにつれ、1件の作業を処理するのに掛かる時間も短くなりますので、コスト単価は下がっていきます。

　作業に掛かる人件費のほかに、流通加工を施すうえで必要となる資材や材料の費用も発生します。ラベル貼りであれば、ラベル1枚当たりの費用×枚数が、箱詰めであれば、セット数分の箱代（外箱や箱内の仕切りなど）が掛かります。

　また、手作業だけでなく、一部の工程で機械の力を借りる場合には、その機械の購入費や日々の運用費（ランニングコスト）なども、流通加工に付随するコストとして捉えておく必要があります。

複雑な工程を伴う流通加工はコストが高い

流通加工のコストは人件費、資材費、機械の購入費＆運用費で算出する

値札・タグ付けの場合……

スタッフ何人が
何時間
作業するのか？

トータルで
何個取り付ける
必要があるのか？

処理1件
当たりの
コスト単価は？

値札・タグを貼り
付けるための
機器の購入費や
運用費は？

値札やタグの
1個当たりの
コスト（資材費）
は？

物流施設の新型コロナ対策

ソーシャルディスタンス確保で、生産性低下もやむなし

　新型コロナウイルスの感染拡大は、物流施設の運営にも多大な影響を及ぼしています。新聞やテレビなどのメディアではあまり取り上げられていませんが、全国各地の物流施設では日々、新たな感染者が発生しています。クラスター（集団感染）に見舞われた施設も存在します。

　従業員のマスク着用、うがい・手洗い、作業場の消毒といった基本的な感染対策はもちろん、物流施設がとくに力を入れているのがソーシャルディスタンス確保の徹底です。具体的には、作業中のスタッフ同士のすれ違いをなくす、流通加工スペースでは作業スタッフの列の間隔を2メートル以上保つ、食堂テーブルへのアクリル板設置などに取り組んでいます。

　もっとも、こうしたソーシャルディスタンスの確保は、物流施設の生産性を低下させる要因になりかねません。例えば、流通加工では対策前と同じ量の作業を処理するのに、より広いスペースが必要になりますし、すれ違い対策でラック（棚）間の通路を広くすれば、保管できるモノの量は減ってしまうからです。

アマゾンジャパンはソーシャルディスタンスを確認できる「ディスタンス・アシスタント」の技術を導入した
写真出典）アマゾンジャパン合同会社ニュースリリース

　世界的なワクチン接種の浸透で、新型コロナは徐々に収束に向かうとされています。ただしその一方で、変異種の発生などが今後も相次ぎ、事態はさらに長期化するのではないかとの見方もあります。後者の場合、物流施設では、働くスタッフを新型コロナから守ったり、施設を停めない（安定稼働）ことを優先したりするため、生産性を犠牲にした入出荷オペレーションの継続を余儀なくされることになります。

6章

梱包・包装、仕分け、出荷業務の基本
物流センターの業務(3)

この章では、梱包・包装と仕分け、
物流施設の業務の終点にあたる出荷業務までを説明します。
梱包・包装は輸送中の衝撃などからモノを守るため、
仕分けはモノを間違いなく目的地に届けるためで、
どちらも出荷後の輸配送の効率や品質を高める作業です。
このように物流施設の業務は、
出荷業務によりモノが施設を出てからも含めて、
物流全体を支えているのです。

6 -01 荷役・輸配送中の破損や汚れからモノを守る

　モノは、運んだり（輸配送）、動かしたり（荷役）するときに生じる揺れや衝撃で破損したり、雨風や塵に直接晒されて汚れたりする可能性があります。こうしたリスクからモノを守り、モノの価値を損なわないようにする工程が「梱包・包装」です。梱包・包装は、バラバラの状態のモノを1つにまとめることで、運びやすくしたり、動かしやすくしたりする機能も担っています。

　どのような梱包・包装を施すかは、輸配送の手段（トラック、船舶、航空機など）や荷役の手段（機器を使うか、手作業か）、輸配送や荷役に費やす時間、気象条件、モノの特性などによって異なります。梱包・包装に使う資材も、輸配送や荷役の条件などに合わせて最適なものを選ぶ必要があります。

　ネット通販で購入したモノを受け取る時のことを思い出してください。モノは段ボールのケースに入っていて、さらに段ボールの中では紙製の緩衝材（クッションペーパー）やフィルム製の緩衝材（エアークッション）などで覆われた状態で、しっかりと固定されていたはずです。

　モノが段ボールに入りきらない大きさだったり、段ボールではモノを保護するうえでの強度が足りなかったりする場合には、梱包・包装の資材として木材やプラスチック、金属が用いられることもあります。その一方で、近年は環境への負荷を軽減するため、梱包・包装を簡素化したり、梱包・包装を施さずに裸の状態でモノを運んだり、動かしたりする試みも広がりつつあります。

「梱包」「包装」の役割

> 輸配送や荷役時に生じる揺れや衝撃による破損や、風雨や塵による汚れから、モノを守るために「梱包」や「包装」を施す

緩衝材を入れて守る

モノをアイテムごとに包装する

モノを段ボールに入れる

最適なサイズの段ボールを作成する

写真出典）右上　西多摩運送ホームページ
　　　　左上　著者撮影
　　　　左下　丸運ホームページ
　　　　右下　SGホールディングスホームページ

6
-02
最も一般的な段ボールの他、木枠やスチールも

　梱包で最もポピュラーなのは「段ボール梱包」です。段ボールは紙を原料にしているため、加工が容易で軽量かつサイズを豊富に取り揃えられるうえにコストが安いといったメリットがあります。段ボールを厚くすれば強度も確保できます。段ボール梱包は、食品をはじめ、日用雑貨やアパレル製品など比較的重量や容積の小さいモノを対象にした梱包手法として広く採用されています。

　段ボールに収まらないサイズのモノであったり、重量が大きかったりするモノには、合板などの木材を使った「木枠梱包」が施されるケースが多いです。機械や設備などの大型重量物が主な対象となります。木材でモノを囲うため、段ボールよりも輸配送時や荷役時に生じる衝撃に強かったり、盗難のリスクを低減できたりするといった特徴があります。ただし、ボルト締めや釘打ちなどの工程を伴うため、段ボール梱包よりも作業に時間を要します。

　鋼材（スチール）を活用してモノを保護するのが「スチール梱包」です。鋼材を使うため、木枠梱包よりもコストは割高になりますが、強度は格段に高まります。鋼材は再資源化が可能な素材であることから、近年は地球環境対策の一環として、木枠梱包をスチール梱包に切り替えるケースも増えています。

　このようにモノの大きさや重量、形状、輸配送や荷役の条件などによって梱包方法は異なります。モノを守るという目的を果すため、最適な梱包スタイルを選択する必要があります。

どんな材料で、どのように梱包するか

> モノの大きさや重量、形状、輸配送や荷役の条件などによって梱包方法は異なる。モノを守るという目的を果たすため、最適な梱包スタイルを選択する必要がある

段ボール梱包

段ボールの中に緩衝材を入れてモノを固定する
写真出典）佐川急便ホームページ

スキッド梱包

周囲を木材で囲わずに腰下（スキッド）に固定するだけの梱包方法
写真出典）ヤマト運輸ホームページ

木枠梱包

大型重量物などを木材で囲って保護する
写真出典）ヤマト運輸ホームページ

スチール梱包

鋼材を使用するため、木枠梱包よりも強度が高まる
写真出典）日通商事ホームページ

目的別では
「工業包装」と「商業包装」

包装は、「物品の輸送、保管、取引、使用などにあたって、その価値および状態を維持するために適切な材料、容器などに物品を収納することおよびそれらを施す技術、または施した状態。これを個装、内装、外装の3種類に大別する。パッケージともいう」（日本工業規格＝JIS）と定義されています。

個装とはモノ単体に施される包装で、内装は個装されたモノをいくつかでまとめる包装、外装は内装されたモノをまとめる包装となります。例えば、野球ボールを1つずつビニール小袋に入れるのが個装、それらを12個入るダース箱に格納するのが内装、さらに複数のダース箱を段ボールにまとめるのが外装に相当します。

また、包装は目的によって「工業包装（輸送包装）」と「商業包装（消費者包装）」に分類されます。工業包装とは、モノを輸配送したり、保管したりする際に生じる衝撃などから守り、価値を下げないことを目的としており、梱包とほぼ同義の機能であると言えます。

これに対して、商業包装は、モノを保護する（中身の品質を保持する）役割を果たすとともに、モノの価値を高めたり、消費者を惹き付けたりするためのデザインなどを施す装飾的な機能を担っています。つまり、モノを綺麗に見せるための包装が商業包装となります。

物流施設で展開されるのは主に工業包装です。ただし、流通加工として商業包装に対応するケースもあります。

「包装」の分類

包装は目的によって、「工業包装（輸送包装）」と「商業包装（消費者包装）」に分類できる

包装の定義

形態による分類　用途による分類

個装 ──── 消費者包装（商業包装）

内装

　　　　　　工業包装（輸送包装）

外装

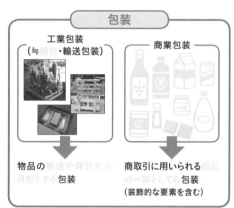

包装

工業包装（≒梱包・輸送包装）　商業包装

↓　　　　　　　↓

物品の輸送や保管を主目的とする包装　　商取引に用いられる商品の一部としての包装（装飾的な要素を含む）

広義の「包装」の意味合いの中に、梱包（≒工業包装・輸送包装）の要素が含まれている

シュリンク包装

箱を包装して、汚れから守るとともに、未開封状態であることを示す
写真出典）著者撮影

キャラメル包装

中元・歳暮品などに装飾的な包装を施す
写真出典）SBSロジコムホームページ

6 -04 資材コストを抑えながらモノをきちんと守るには

「梱包・包装」のコストは、作業コストと資材コストの2つの要素で構成されています。作業コストは、梱包・包装を施すのにどれだけの時間を要するかで決まり、手作業の場合、例えばスタッフの時給が900円で1つの梱包・包装を処理するのに2分掛かる（1時間で30個を処理）とすると、作業単価は30円（900÷30）となります。

これに段ボールの代金や封かん用テープの代金、緩衝材の代金などの資材コストを加算することで、1個当たりの梱包・包装コストの総額を算出します。作業に時間を要すれば、それだけ作業単価は上がるとともに、例えば木材や鋼材など割高な資材を使用すれば、その分資材コストも上がり、梱包・包装のトータルコストも上昇することになります。

割安な資材を使ったり、資材の使用量を減らしたりすることで、梱包・包装コストは低く抑えられます。ただし、そうすることで強度が不足し、梱包・包装の「モノを保護する」という目的を果たせなくなる可能性があります。できるだけコストは掛けないが、モノをきちんと守れることが梱包・包装のあるべき姿とされています。

段ボールや緩衝材などは原則として使用後（輸配送後など）に廃棄されてきました。しかし近年は、コストや環境面での対策として、使い捨てをやめて、何度も使用できる資材に切り替える動きが加速しています。例えば、モノを段ボールに入れて運ぶのではなく、段ボールよりも強度や耐久性のあるプラスチック製の折り畳みコンテナを繰り返し使用することで、コスト削減を実現しています。

「梱包・包装」のコストの内訳

「梱包・包装」のコストは、作業コストと資材コストの2つの要素で構成されている

資材にどれだけ
の費用が
掛かるのか?

作業にどれだけ
の時間を
必要とするのか?

使い捨てタイプの
資材or繰り返し
使用できる資材?

モノをきちんと
衝撃や
汚れなどから
保護できるのか?

出荷するモノを届け先別に分ける

　物流施設で「ピッキング」や「流通加工」、「梱包・包装」されたモノを、出荷する前に、届け先別（店舗、事業所など）や出荷方面別（エリア別）などに分類する作業を「仕分け業務」と言います。例えば、食品スーパー向けの物流センターでは、店舗に供給するモノを店舗ごとに振り分けていきます。また、宅配便業者は、ターミナル拠点では集荷したモノを幹線輸送する方面ごとに、配達を担当する営業所では到着したモノを配達エリアごとに、分ける作業を行っています。これらはいずれも「仕分け業務」です。

　仕分け業務は段階的に行うケースもあります。作業のスピードを高めたり、作業ミスをなくしたりするのが目的です。大量のモノを仕分けする場合などに、まずは大まかに仕分け（大仕分け）し、その後細かく仕分けしていくというものです。地域ブロック別→県別→市町村別→丁目別といったイメージです。

　仕分け業務には、スタッフが手作業で行う「手仕分け」と、機械を使った「自動仕分け」があります。手仕分けは、モノが入った段ボールなどに貼ってあるラベルに記載された情報（届け先住所や店舗名など）や、仕分けリストを目視で確認しながら進めていきます。多くの人手を要するとともに、目視である以上、作業ミスの発生も少なくありません。

　一方、自動仕分けは「ソーター」と呼ばれる機械がモノや段ボールのバーコードなどを読み取り、自動的に処理します。人手を介さず、ミスも少ないという利点がありますが、導入には多大な投資が必要です。

出荷前に行う「仕分け業務」

仕分け業務には、スタッフが手作業で行う「手仕分け」と、機械を使った「自動仕分け」がある

手仕分け

手作業による仕分けはスタッフの肉体的負荷が大きい
写真出典）左　ヤマトホールディングスホームページ
　　　　　右　著者撮影

ソーターなど機械を使った自動仕分け

段ボールに記載されたバーコードなどを読み取る自動仕分け機の導入には高額な費用が掛かる
写真出典）ダイフクホームページ

「手仕分け」「自動仕分け」で大きく異なるコスト計算

　仕分け業務のコストは、処理すべき荷物の量を何人のスタッフで何時間掛けて済ませたかで決まります。例えば、宅配便のエリア別仕分け（手仕分け）業務で、1000個の荷物の仕分けにスタッフ5人で2時間掛かるとします。スタッフ1人当たりの時給が1000円の場合、コストの総額は、「1000円×5人×2時間＝1万円」と計算できます（管理費などを考慮しない単純計算の場合）。荷物1個当たりのコスト単価は、「1万円÷1000個＝10円」となります。

　一方、ソーターなどの機械を使う自動仕分けの場合は、原則として人手を要さないため人件費は掛かりません。ただし、機械を動かすのに必要な時間当たりの費用（機械の償却費用や電気代）は発生します。時間当たりにどれだけの量を仕分けできるかでコスト単価を算出できます。

　ソーターは大掛かりな機械であるため、導入費用は高額となります。機械の規模によって投資額は数千万〜数億円に達します。また、初期投資のみならず、故障時の修理や定期的な部品交換といったメンテナンスの費用も発生します。日々大量のモノが集まり、それらを仕分け処理することが求められる物流施設では、機械による自動仕分けが向いていると言えます。稼働率が高ければ、機械への投資コストや運用コストを十分に吸収でき、仕分け業務のコスト単価が下がるからです。

　これに対して、モノが少なかったり、曜日や時間帯によっては仕分け業務が発生しなかったりする物流施設では、機械の稼働率が下がってしまうため、手仕分けのほうがコストを低く抑えられる可能性があります。

手仕分け
or
機械仕分け？

手仕分けには、
人件費負担が
発生する

仕分け機械の
導入には
数千万〜数億円
の投資を要する

仕分け業務の頻度は？
作業量に波動がある
場合、機械の稼働率が
下がり、投資効果を
得られない

数量やコストから、仕分けを手作業で処理するのか、それ
とも機械によって自動的に処理するのかを判断する

待機スペースからトラックなどにモノを積み込む

ピッキングや流通加工、梱包・包装、仕分けを済ませたモノを、輸配送の工程に引き渡すことを「出荷業務」と言います。出荷業務とは、引き渡しだけでなく、ピッキングから仕分けまでの工程も含む全体を指す、と定義することもありますが、ここでは引き渡し業務の部分にだけ焦点を当てて説明していくことにします。

ピッキング〜仕分けを終えたモノは通常、物流施設内の待機スペース（仮置きスペースやプラットフォームなど）にあります。モノはパレットの上に載せられていたり、カゴ車に積まれていたり、床に直置きされていたりします。そこから輸配送を担当するトラック（船舶や航空機なども）までモノを搬送し、荷台に積み込むまでの作業が出荷業務となります。モノがバラの状態ではなく、パレットやカゴ車のような荷役補助の機器にモノが載っていると、積み込みは短時間で処理できます。

待機スペースからトラックまでの搬送作業は、原則として物流施設側が担当します。ただし、荷台部分への積み込み作業は物流施設側が処理することもあれば、輸配送（ドライバー）側に委ねることもあります。どちらがその役目を担うかは、個々の契約内容によって異なります。

出荷業務では、モノを引き渡す相手やモノの数量・アイテムを間違わないことがとても重要です。ミスをすれば、モノが目的地に届かなくなるからです。そこで、物流施設では誤出荷を防ぐ目的で、出荷＝引き渡しの前に、確認作業を行うケースがあります。これを「出荷前検品」と言います。

「出荷業務」の実際

ピッキングや流通加工、梱包・包装、仕分けを済ませたモノを輸配送の工程に引き渡して出荷する

台車と荷物を固定するため、
ストレッチフィルムを巻き付ける

カゴ車をトラックに積み込む

フォークリフトでトラックに積み込む

写真出典）右上　SBSロジコムホームページ
　　　　　左上　ユーピーアールホームページ
　　　　　下　日本通運ホームページ

積み込み時間短縮が、コスト削減のカギ

出荷業務の範囲を「荷揃え（ピッキングや梱包などの工程を終えて出荷できる状態）の済んだモノを物流施設内の仮置き場からトラックの荷台まで搬送し、トラックに積み込むまで」とします。例えば、トラック1台分のモノの出荷（搬送〜積み込み完了まで）にスタッフ2人で2時間を要する場合、出荷業務のコスト（トラック1台分）は「スタッフ時給1000円×2人×2時間」と計算できます（管理費などを考慮しない単純計算で）。その日の出荷量がトラック5台分なら、コストの総額は5倍です。

また、ケース単位のモノ（段ボール1個）が1000個でトラック1台分が満載になるのであれば、ケース1個当たりのコスト単価は4000円÷1000個で4円になります。

施設内での搬送やトラックへの積み込みに時間が掛からなければ、出荷業務のコストの総額は下がります。出荷業務を迅速に処理するのに有効なのは、パレットやカゴ車などの荷役補助機器を活用することです。モノをひとつずつトラックの荷台に手積みしていくのに比べ、作業時間を大幅に短縮することができるからです。

もっとも、出荷のあらゆるシーンでパレットやカゴ車を使えるわけではありません。パレットやカゴ車はそのものに自重や容積がある分、トラックの積載重量や積載空間（容積）のロスにつながります。そのため、一度に輸配送するモノの量を増やす目的で、パレットやカゴ車を活用せずに、バラ積み（手積み）を選択するケースもあります。

出荷業務のコストは「時間」で決まる

出荷コストを抑えるためには、積み込み作業の時間をいかに短くできるかがポイントとなる

手積み or カゴ車・フォークリフト積み？

カゴ車積み

フォークリフト積み

手積み

写真出典）
右上　豊田自動織機ホームページ
左上　日本通運ホームページ
下　　著者撮影

1時間当たりにどれだけの量を捌けるのか？

トラックに積める量を重視するか？
積み込み作業を迅速に処理するか？

最寄り駅の酒場で物流施設の実態を知る

送迎バスを降りた物流ワーカーの"生の声"が聞ける場所

　従業員たちの通勤をサポートするため、最寄り駅〜物流施設間でシャトルバスを運行している企業は少なくありません。読者の皆さんも、郊外にある駅やターミナル駅で、たくさんの人がマイクロバスを乗り降りする光景を目撃したことがあるのではないでしょうか？　公共交通機関が発達していないエリアでは、こうした送迎バスが物流施設で働くスタッフたちの貴重な通勤手段として機能しています。

　1日の仕事を終えてバスから降りたスタッフたちは、まっすぐに駅改札に向かうのではなく、駅周辺の居酒屋に"寄り道"することもあるようです。首都圏の某駅の近くには、物流ワーカーたちが集う居酒屋があります。そこにひとり身を置き、酎ハイを片手にもつ焼きをつまんでいると、隣の席から物流現場の"生の声"が自然と耳に入ってきます。

　上司や同僚、会社に対する愚痴や不満といった酒場の鉄板ネタはもちろん、異なる物流施設に勤めている客同士が、それぞれの報酬や勤務実態について、「ウチの物流センターでは来月から時給が100円アップするらしい」「ウチは入出荷量が落ち込んでいるため、来週から出勤回数が減りそうだ」「だったらウチに移籍してきたほうがいいよ」といったやりとりを繰り広げています。

　求人票には決して記載されることのない物流施設の"リアル"を知るには、実際に勤務しているスタッフたちの本音を聞くのが一番です。物流施設で働く人たちが集うアフター5の居酒屋は、信憑性の高い情報源と言えるでしょう。

7章

業務フローを支える情報システムの基本

以前の物流施設では、入出荷や在庫の状況を、
紙の伝票や台帳で管理していました。
しかし、物流量が増加し、流通加工や梱包・包装を
物流施設が幅広く担っている現在、膨大な量のモノが
「どこにどのような状態で保管されているか」の管理には、
コンピューターなどを用いた情報システムが必須になりつつあります。
この章では、業務改善や生産性向上のためにも
欠かせない倉庫管理システム
（WMS ＝ Warehouse Management System）の詳細を説明します。

入荷から出荷までを
管理する情報システム

7
-01

物流施設では、施設や事業の規模によって量は異なりますが、たくさんのモノが出入り（入出荷）します。例えばある物流施設が、1日に3万ケースを出荷するとします。この施設が製造機能を持たないとすれば、出ていくモノが3万ケースなら、出荷までの間に、少なくとも計3万ケース分のモノが入荷されたはずです。ただ、一度に3万ケースの入荷ではなく、数回に分かれていたかもしれません。

こうしたモノの煩雑な入出荷を、物流施設では従来、アナログで管理していました。どのアイテムがどれだけ入ってきて、施設内のどこに置いた（保管した）のか。いくつ取り出して（ピッキングして）出荷したのか。その結果、在庫はいくつ残っているのか。こういった情報（データ）を、スタッフがシート（紙）に記録して管理する体制でした。そのため、数量のカウントミスなどヒューマンエラーが発生しやすい、スタッフの経験や勘、慣習などに基づいて作業が進められ生産性が低い、などの問題がありました。

WMS（Warehouse Management System＝倉庫管理システム）は、物流施設にモノが入荷されてから出荷されるまでの一連の流れを、情報端末やコンピューターを使って管理する情報システムで、作業の精度や生産性を高める目的で導入されます。「入荷管理」「ロケーション管理」「在庫管理」「検品・ピッキング管理」「出荷管理」「請求管理」などさまざまな機能があり、現在、数多くの物流施設で活用されています。

本章では、WMSの機能の詳細について説明していきます。

WMSがカバーする範囲と主な管理機能

WMS（Warehouse Management System＝倉庫管理システム）は、物流施設にモノが入荷されてから出荷されるまでの一連の流れを、情報端末やコンピューターなどを使って管理することによって、作業の精度や生産性を高める目的で導入する

WMS（倉庫管理システム）とは

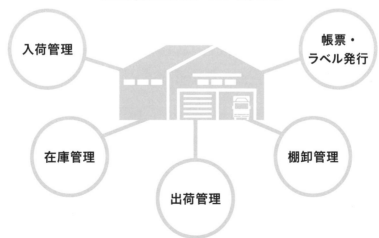

モノのデータを事前入荷情報とシステム上で照合

WMSの主な機能の1つに「入荷管理」があります。入荷管理は、仕入先や自社工場などに発注したモノが、アイテム・数量とも注文通りに物流施設に入ってきたか（納品されたか）どうかを、正確かつスピーディーに把握（検品）するための機能です。

まず注文データを事前入荷情報としてコンピューターで管理しておきます。仕入先や自社工場などから物流施設にモノが届くと、モノそのものやモノが入ったケース（段ボール箱など）に記載されているバーコードなどのデータキャリアを、ハンディーターミナル（情報端末）で読み込み（スキャンする）、事前入荷情報と照合します。その結果、注文通りであれば、物流施設内にモノを入荷することが可能になります。

物流施設に届いたモノが注文とは異なる（製造年月日、アイテム、数量などが間違っている）場合、入荷は許可されず、原則としてモノは相手先に返品されます。物流施設側は仕入先などに正しいモノを改めて納品するように指示するか、注文そのものをキャンセルすることになります。誤ったモノが届いた場合、情報端末にアラーム（警告）を表示して作業スタッフに知らせる仕組みもあります。

紙ベースの事前入荷情報を使って目視で入荷検品を行うと、カウント間違いなど入荷ミスのリスクが高まります。作業に時間も掛かります。これに対して、情報端末を活用してデータ同士を照合する入荷管理は、経験の浅いスタッフでもミスなく作業を処理できるメリットがあります。

入荷管理（入荷検品）の作業フロー

入荷管理は、仕入先や自社工場などに発注したモノが、注文したアイテム・数量通りに物流施設に入ってきたかどうか（納品されたかどうか）を正確かつスピーディーに把握する（検品する）ための機能

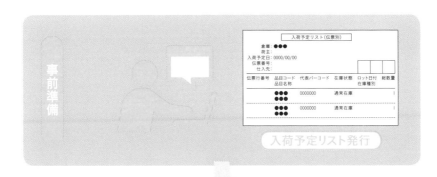

事前準備

入荷予定リスト発行

入荷検品／入庫入力

リスト・HTによる検品　　入庫入力

入庫確定

入庫確定

モノの所在地を 正確に把握

7 -03

　アイテムや数量などの確認（検品）を経て、入荷が許可されたモノは、物流施設内の指定場所に搬送・格納されます。WMSには、入荷したモノをどこに格納すべきかを指示したり、空いているスペースに置いたモノがどこに格納されたのかを正確に把握したりする「格納（ロケーション）管理」機能があります。

　規模の大きい物流施設では、たくさんのモノを保管しています。そのため、どこに何がどれだけあるのかを、頭の中で正確に把握しておくことは困難です。従来は台帳など紙ベースで管理されてきましたが、記入漏れなどの人為ミスは避けられず、そのやり方にも限界があると言えます。しかし、WMSによる管理であれば、モノの所在地を間違える心配がありません。

　格納される場所が予め決まっている「固定ロケーション」の場合、入荷が確定すると情報端末がその場所を指示してくれます。端末と連動するプリンターが格納する場所（ロケーション）を記載したラベルを発行します。作業スタッフはラベルをモノに貼付したうえで、指示された場所までモノを搬送し、格納するという流れになります。

　「フリーロケーション」の場合、作業スタッフはまず空いている場所にモノを格納します。次に格納した場所のデータを入力（端末で「番地」などを示すバーコードをスキャン）すると、入荷したモノのデータと紐付けされ、どの場所に何（モノ）がどれだけ（数量）が格納されたかが明確になります。

格納（ロケーション）管理の作業フロー

「格納（ロケーション）管理」機能では、物流施設に入荷したモノを
どこに格納すべきか、そのロケーションを指示したり、空いてい
るスペースに自由に置いたモノがどこに格納されたのかを正確に
把握できる

ロケーション管理での場所の呼び方

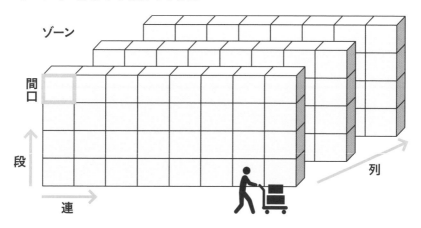

フリーロケーションでの作業フロー

格納場所（ロケーション）を示すバーコードと、格納し
たモノのバーコードを読み取って2つの情報を紐付け
する

入荷	15
入荷日：2021/06/16	
担当者：刈屋大輔	
仕入先：(株)○○商事	
ロ　ケ：PT3FI00020000	
品　目：4562387990762	
冷感マスク	
数量：10個	

入荷処理時の情報端末における画面表
示（一例）

誤出荷や欠品を防ぎ、 在庫量を適正水準に管理

物流施設の中にどのアイテムのモノがどれだけあるのか。その状況を正確に把握し、モノが余ったり、逆に足りなくなったりしないように、常に適正な水準を維持するよう調整していくことを「在庫管理」と言います。

在庫管理では、モノの種類や数量のみならず、例えば食品なら製造年月日や消費期限など、詳細な情報まできちんと把握することが求められます。紙ベースなど従来型のアナログな管理では、管理の対象となるモノの数や管理すべき情報の量が多い場合、業務が煩雑になるとともに、誤出荷や品切れ（欠品）といった作業ミスや不具合が生じる可能性があります。

これに対して、WMS の在庫管理機能は、モノの在庫状況をデータ（デジタル）で管理するため、管理業務そのものを効率化したり、管理の精度を高めたりすることができます。ロケーション管理の機能と連動させれば、モノの在庫がどこにどれだけあるのかを、リアルタイムかつ正確に捉えることができます。

WMS では入荷や出荷の実績（履歴）情報もデータ管理しています。それぞれのアイテムについて、物流施設内にこの量を確保しておくというルール（適正在庫水準）を予め WMS で設定しておけば、これまでの入出荷実績データに従って、その先の活動でモノに過不足などが生じる恐れがある場合に、アラート（警告）を発出してくれるといった機能もあります。

WMSによる在庫管理

情報システムを活用してモノの在庫状況をデータ（デジタル）で管理するため、管理業務そのものを効率化したり、管理の精度を高めたりすることができる

入荷・出荷の履歴をデータ管理

写真出典）関通ホームページ

品目ID	品目名	現在庫	ターゲット在庫	発注残	在庫充足率	<0	0	10	20	30	40	50	60	70	80	90	100	110	120	発注数	ロットまとめ
A01-001	●●●	121	98	10	130%															0	0
A01-002	●●●	-50	55	20	-55%															85	90
A01-003	●●●	39	46	3	91%															4	10
A01-004	●●●	-36	29	0	-124%															65	70
A01-005	●●●	32	42	0	76%															10	10
A01-006	●●●	10	214	0	5%															204	210
A01-007	●●●	41	42	0	98%															1	10
A01-008	●●●	-12	25	0	-48%															37	40
A01-009	●●●	19	18	0	106%															0	0
A01-010	●●●	-4	26	10	23%															20	20
A01-011	●●●	-11	29	0	-38%															40	40
A01-012	●●●	-6	18	0	-33%															24	30
A01-013	●●●	0	9	0	0%															9	10
A01-014	●●●	44	7	0	629%															0	0
A01-015	●●●	2	2	0	100%															0	0

物流施設内の在庫管理状況はパソコン画面を通じてリアルタイムに把握できる。欠品の可能性なども画面で警告してくれる

7 -05 作業生産性を高める WMSの「ピッキングリスト」

　物流施設内に保管されているモノはどのような順番で取り出して（ピッキングして）いけばよいのでしょうか？　食品スーパーでの買い物をイメージしてください。野菜コーナーからスタートし、鮮魚コーナー、精肉コーナー、加工食品コーナーを回ってゴールであるレジに向かうとします。各売り場から必要なモノを順序よくカゴに入れることができれば、買い物の時間は短くて済みます。

　これに対して、野菜コーナーでニンジンを手にした後、精肉コーナーで鶏肉をカゴに入れて、再び野菜コーナーに戻って大根をカゴに入れる、といった具合に、店舗内でジグザグな歩行を繰り返せば、トータルの買い物時間は長くなってしまいます。物流施設でのピッキング作業も同様で、順序よく進めていけば作業時間は短くなりますが、場当たり的な進め方だと非効率になります。

　WMSは、物流施設内の保管場所からモノをどういう順番で取り出す（ピッキングする）べきかを明確にしてくれます。「どのアイテムをいくつ（数量）、どこから（ロケーション）取ればよいのか」が、一覧表（ピッキングリスト）にまとめて表示されます。作業スタッフは、それを確認しながら指示（順番）通りに作業を進めていくだけで、施設内を効率良く回ることができる仕組みです。

　ピッキングをスピーディーに処理できれば、作業生産性が高まり、物流コストの削減につながります。また、業務経験の浅いスタッフでもWMSの指示に従えば、ミスなく迅速に作業を進めることができます。

WMSがピッキングリストを作成

「どのアイテムをいくつ（数量）、どこから（ロケーション）取ればよいのか」を一覧表（ピッキングリスト）にまとめて、作業スタッフに指示する

指示されたロケーションでモノをピッキングする

WMSはピッキングを進める順番を指示してくれる

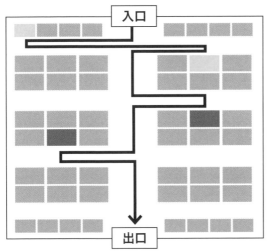

出荷指示データと実際の荷揃えをシステム上で照合

7-06

物流施設では、納品先からの「どのアイテムのモノをいくつ、どのような荷姿で用意してほしい」といったオーダー（出荷指示）に従って、出荷の準備に取り掛かります。保管場所からのピッキングを終えたモノは、流通加工や梱包・包装などを経て出荷されますが、WMSにはアイテムや数量を間違うことなく荷揃えができるように、出荷までの工程を管理・サポートする機能があります。

例えば、ピース単位で50個のモノを、1つのケース（段ボール箱や折り畳みコンテナなど）に入れて出荷するよう、納品先から指示されたとしましょう。ピッキングを済ませた50個が出荷指示通りのモノなのかを確認する出荷前検品を、1つずつ目視で行うとなれば、多大な時間を要します。

しかしWMSを使えば、この作業をスピーディーかつ正確に処理することができます。ケース詰めを担当するスタッフが、情報端末（ハンディー）でモノに記載されているバーコードを読み込んでいき、出荷指示データと照合することで、荷揃えの内容が正しいかどうかを確認する仕組みになっています。バーコードをスキャンするだけでチェックできるため、商品知識などに乏しい業務経験の浅いスタッフでもミスなく作業を進められる利点があります。

指示内容と実際の作業内容が一致すると、WMSが出荷明細の書かれた納品書と、届け先所在地などが記載された送り状を発行します。モノが入ったケースに納品書を同梱し、ケースの外装部分に送り状を貼付すれば、出荷準備は完了です。

WMSによる出荷管理

情報端末でモノに記載されているバーコードを次々と読み込んでいき、出荷指示データと照合することで、荷揃えの内容が正しいかどうかを確認する

注文データを基にWMSが出荷指示書を発行する

出荷指示書

発注番号　XXXXXXXX
出荷指示日　00/00/00
お届け指定日　00/00/00
お客様名　XXXXXX様

梱包印	ピック印

	商品番号	商品名	ロケーション	数量
1	ABC-123	XXXXX	2A-01-01-01	3
2	DEF-456	XXXXXXXXXX	2B-05-02-01	1
3	GHI-789	XXX	2E-01-01-02	1
4	JKL-012	XXXXX	2F-04-03-01	2

出荷前検品

モノに記載されているバーコードを情報端末
で読み取り、出荷指示データと照合してミス
がないかを確認する
写真出典）著者撮影

7
-07
作業管理データを
そのまま請求に活用

　物流施設で展開される入荷から出荷までの各業務には、入荷料、保管料、検品料、ピッキング料、流通加工料などがそれぞれ設定されています。物流施設での作業を代行、すなわち業務を受託している場合、物流施設はその作業量に応じて、取引相手（委託元）に対して料金（代行料）を請求する必要があります。

　「保管料は3期制で、検品料やピッキング料はモノ1個単位で」といった具合に、料金の算出方法や単価は作業ごとに異なります。また、規模の大きい物流施設では、1日当たりや1カ月当たりに膨大な量の作業を処理しています。

　それだけに、物流施設において当該期間中にどの工程でどれだけの量のモノを取り扱ったのかを正確に把握するのは、容易ではありません。従来の紙ベースを中心としたアナログな管理方法では、集計が煩雑になって時間が掛かるうえに、請求漏れなどのミスが生じる可能性も否定できません。

　WMSでは、入荷から出荷までの工程をすべてデータで管理しています。そのため、どの工程でどれだけの量を処理したのか、といった業務ごとの作業実績を自動的に算出できます。その作業実績データを取引相手に対する請求に活用することで、業務の迅速化や簡素化、記載ミス防止などを実現できます。

WMS「導入前」「導入後」の請求管理

入荷～出荷までの工程をすべてデータで管理しているため、どの領域でどれだけの量を処理したのか、といった業務ごとの作業実績を自動的に算出できる

従来は紙ベースでの実績表を基に計算して請求

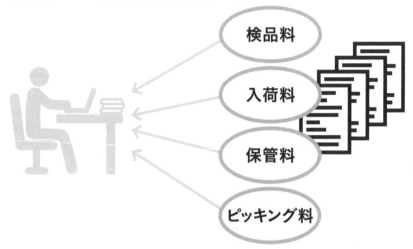

WMSでは作業実績データを基に自動計算して請求

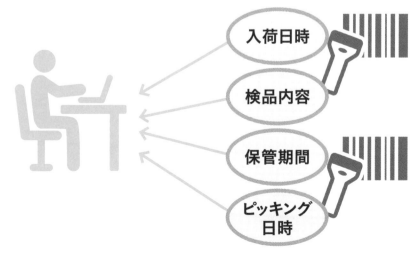

適正な人員配置で
高い生産性を維持

作業スタッフが1時間当たりに何個モノを検品したり、何個ピッキングしたりできたのか。当日の出荷予定数に対して現時点で何件まで作業が完了しているのか。WMSには、物流施設全体やスタッフ個々の作業の実績や進捗状況を把握したり、現状と過去の実績を比較したりする、生産性管理の機能があります。

作業状況を常にモニタリングしておき、入荷から出荷までのいずれかの工程で遅延などの問題が生じた際に、すぐにその箇所に改善を施すことで、高い生産性を維持していくのが目的です。デジタル管理によって、作業のスピード（時間）やボリューム（処理量）の計算や把握が容易になったため、生産性を可視化（見える化）することに手間が掛からなくなりました。

生産性管理の機能を活用すると、例えば予定されている処理量に対して何人のスタッフを投入すればよいのか、過去の作業実績データなどを基に、各業務への適正な人員配置やシフト調整が可能になります。過不足なくスタッフを配置し、物量の変動をうまく吸収することができれば、作業コストの抑制につながります。

作業の進捗状況をリアルタイムに把握できることにも大きなメリットがあります。例えば、午前中の作業終了時点での出荷処理件数が設定した目標値に到達していないとしましょう。その場合、WMSでは、当日の処理予定件数を最終的に達成するために、午後の出荷作業に何人のスタッフを追加投入すべきかを明らかにしてくれます。

WMSによる生産性管理

WMSには、物流施設全体やスタッフ個々の作業の実績や進捗状況を把握したり、現状と過去の実績を比較したりするなど作業の生産性を管理できる機能がある

物流施設内の作業状況がリアルタイムにわかる

高い作業生産性を維持するため、作業の進捗状況を常にモニタリングしておく
写真出典）著者撮影

スタッフ個々の生産性を確認できる機能もある

27	40	(0) 40 (100%)	40 (100%)	(0) 40 (100%)	17:05	18:52	14:26 (100%)	14:18 40 (100%)
28	120	(0) 120 (100%)	120 (100%)	(0) 120 (100%)	15:50	15:52	14:26 (100%)	14:18 120 (100%)
32	100	(0) 100 (100%)	20 (20%)	(0) 0 (0%)	12:59	09:21	00:00 (0%)	00:00 0 (0%)
33	100	(0) 100 (100%)	100 (100%)	(0) 80 (80%)	15:50	18:24	19:17 (80%)	00:00 0 (0%)

自社運用か、ベンダー管理のシステムを遠隔利用か

　WMS の運用は、「オンプレミス型」と「クラウド型」に大別することができます。オンプレミス型とは、サーバーやソフトウエアなどを自社内に設置・導入し、情報システムそのものの開発や運用も自社主導で行う体制を指します。自社に使い勝手よく WMS をカスタマイズできる利点がある一方、ハードやソフトの調達など初期投資の費用が嵩んだり、開発・導入や新機能の追加に時間が掛かったり、サーバーの電気代や保守を担当する自社スタッフの人件費が必要になったりするデメリットもあります。

　クラウド型では、WMS を提供するシステムベンダー（クラウドベンダー）が用意するサーバーにインターネット経由でアクセスし、ソフトウエアやデータベースを遠隔で利用します。メリットとしては、利用量に応じて料金を払うため、ハードの調達やシステム開発費用を必要とせず、初期投資を低く抑えられることや、WMS の導入が短期間でできたり、ベンダーが開発・提供する最新の機能を常に活用できたりといったことが挙げられます。

　ただしクラウド型は、複数のクライアントが共同で利用することを前提にしているため、カスタマイズの自由度が低めです。そのため、物流施設での業務に自社特有の管理手法などがある場合に対応できない可能性もあるなどのデメリットもあります。

　オンプレミス型とクラウド型にはそれぞれ一長一短があります。近年は、コスト負担が小さいうえに、短期間で導入できる点などが評価され、クラウド型で WMS を運用する物流施設が増えています。

2つの運用方法のメリットとデメリット

WMSの運用は、「オンプレミス型」と「クラウド型」に大別することができる。近年はクラウド型を導入する企業が増えている

オンプレミス型

メリット

- 自社にとって使い勝手のいいようにカスタマイズできる
- 自社セキュリティーで安全性を確保できる

デメリット

- ハード・ソフトを自社で購入・設置する必要がある
- 初期導入コストが高い
- 新機能追加に時間がかかる

クラウド型

メリット

- 初期投資を抑えることができる
- 導入期間が短い

デメリット

- カスタマイズの自由度が低い
- セキュリティー確保がベンダー任せ

7 -10 初期費用も月額費用も クラウド型が低コスト

オンプレミス型の WMS の場合、サーバーやソフトウエアなどを自社で保有・運用します。その購入や保守の費用はもちろん、既存のパッケージソフトをベースに自社仕様の WMS にカスタマイズすれば、その費用も発生します。どのくらいの規模（作業スタッフ数など管理対象の規模）で運用するか、どのような機能を持たせるかによって異なりますが、導入には最低でも数百万円以上の初期投資が必要です。

一方、クラウド型の場合、サーバーやソフトウエアは WMS ベンダーが提供するものを利用するため、初期投資はそれほど掛かりません。導入に際して、コンサルティング料や導入サポート料など数十万円の費用が発生するくらいです。WMS の使用料は「月額数万円〜」で設定されているケースが多く、金額は、利用する機能の数や管理対象の規模で変わってきます。

クラウド型では、「チェーン小売業向け」「EC 向け」「医薬品向け」「アパレル製品向け」といった具合に、さまざまな業種業態の物流特性に合わせた機能を持つ WMS が用意されています。WMS ベンダーは過去の運用実績などを基に、システムの改良（バージョンアップなど）を繰り返しており、それに伴いユーザーには常に最新の機能が提供される仕組みになっています。

低コストでの運用を可能にしたクラウド型の登場は、物流施設でのWMS 導入に弾みをつけました。

WMSの導入ステップとコスト

低コストでの運用を可能にしたクラウド型の登場で、物流施設での WMS導入は加速している

※PJ＝プロジェクト

PJ発足	●基本コンセプト ●導入目的 ●PJメンバー選定 ●全体スケジュール	選定されたPJメンバーでWMS導入の目的と基本コンセプトを明確にします。 スタートから稼働までのマイルストーン的なスケジュールを作成します。
現状調査	●問題点 ●業務フロー ●設計与件 ●イレギュラー運用	現状のシステム運用や物流業務運用の整理、イレギュラー運用、問題点、改善点を洗い出してPJメンバー内の共通認識とします。
基本設計	●新業務フロー　H/W構成 ●新庫内スケジュール N/W構成 ●WMS要件定義 ●他システムI/F　マテハンi/F	WMS導入後のシステムや物流業務の基本運用を固め、WMS選定の要件定義を作成します。
WMS選定	●WMSデモ実施 ●WMS費用 　※カスタマイズ費用含む ●機能比較、費用比較	WMSパッケージのデモをWMSベンダーにやってもらいWMSの評価を行います。また、WMS費用を算出します。数社の場合は機能比較、費用比較を行います。 ※WMSのデモはPJメンバーへの知識習得のため基本設計の前に実施する場合あります。
詳細設計	●DB設計 ●画面設計 ●帳票設計 ●詳細スケジュール	ユーザーI/Fを中心に使用詳細を確認します。 また導入に向けての詳細スケジュールを作成します。
開発	●プログラム開発 ●I/F事前テスト	プログラム開発期間。 事前にI/Fテスト可能であれば行います。
前準備	●操作マニュアル作成 ●運用マニュアル作成 ●仮データ、仮マスタ準備	マニュアル作成とシステムテストに向け、データ・マスタの準備を行います。
テスト	●仮データ、仮マスタ移行 ●システム検証 ●運用テスト ●システム修正	現場でシステムテスト、運用テストを行い、現場運用含めての検証を行います。 修正必要箇所発生した場合は協議の上、修正を行います。
稼働	●本番データ、本番マスタ移行 ●WMS稼働 ●システム修正	マスタ、データの準備を行い本稼働する。 修正必要箇所発生したら協議の上、修正行う。
評価	●導入効果 ●今後の展開など	計画時の導入目的や導入効果が達成さえr停るかの評価を行い、他センターへのWMS展開などについて協議します。

WMS導入プロジェクトには人手と時間を要する。長期化すればその分コスト負担も大きくなる
出典）清和ビジネスホームページ

物流ロボットは万能なのか

「実物の性能」は「期待の大きさ」に追いつけるか

　物流施設では、労働力不足を背景に、入出荷オペレーションの自動化を模索する動きが加速しています。8章でも触れますが、ロボット自動倉庫や移動棚ロボット、ロボットアーム、無人フォークリフトといった最先端技術を駆使した設備や機器を積極的に導入する物流施設が相次いでいます。ドライバー不足が深刻化しつつある輸配送の領域においても、トラックの自動運転技術の確立や配送ロボットの開発・普及に大きな期待が寄せられています。

　こうした各種物流ロボットはスタッフによる作業よりも高い生産性を実現できると喧伝されていますが、果たして本当でしょうか？　現状では意見が二分されています。物流ロボットは万能だとする声がある一方で、処理スピードや精度の面でマンパワー（人手）には到底及ばないといった否定的な見方も少なくありません。

　筆者はこれまでに物流ロボットが運用されている現場や、ロボットベンダーが実施するデモの場を取材しました。事前に物流ロボットのPR動画などを確認してから、実物に触れるようにしてきたのですが、どうも動画とは様子が違う場面に遭遇することも少なくありませんでした。動画のロボットに比べ動作スピードが遅い。モノを正確に掴めない……。

　キツネにつままれた気分になっていると、内部事情に詳しい人が「PR動画は実際のロボットの動きよりも少しだけ早回しした状態で編集してあります」と内緒で耳打ちしてくれました。テクノロジーは日進月歩ですので、実物がいずれ動画に追いつくということなのでしょう。

8章

物流センターの最新ソリューション

物流施設の中では、各種の物流ロボット、
無人フォークリフトなど、
生産性向上につながるテクノロジーが次々と適用されています。
その一方で、物流施設そのものを不動産商品と捉えたり、
まちづくりの核としたりと、
物流施設を組み込んだ新たな動きも注目されます。
この章では、今後の変化に備える視点を培うために知っておきたい、
物流施設内外の最新ソリューションを紹介します。

「物流不動産開発会社」が台頭

　物流施設はもともと、メーカーや卸、倉庫会社やトラック運送会社など施設使用者が自ら開発・保有するのが一般的でした。一部では用地を持つ地主や地場の不動産会社が物流施設を用意し、利用者に賃貸していましたが、その比率はさほど大きくありませんでした。

　ところが、2000年代に突入すると、物流施設の所有と使用（利用）の分離が一気に加速しました。物流施設を専門的に扱う「物流不動産開発会社（デベロッパー）」が、豊富な資金力（資金調達力）や開発ノウハウなどを武器に、大型である、交通インフラへのアクセス面で優位性があるなど、使い勝手のいい物流施設を相次いで供給するようになったためです。使用側は、手間と時間と専門知識を必要とする開発行為から解放されました。

　物流施設の開発で先陣を切ったのは、プロロジスやＧＬＰ、ラサールグループ、ESR、グッドマンといった外資系の物流不動産開発会社でした。続いて、日本市場での彼らの成功を目の当たりにした日系の不動産会社（三井不動産、三菱地所、野村不動産、オリックス、大和ハウス工業など）がこの分野に参入しました。現在では、総合商社（三菱商事、三井物産、住友商事、伊藤忠商事など）もプレーヤーとして名乗りを上げて、全国各地で物流施設を開発・供給しています。

　今後、物流施設の供給源は、こうした専門の不動産開発会社と、ユーザーでもある大手の物流会社が中心となると見られています。

物流施設の担い手の変化

物流施設を専門的に扱う「物流不動産会社」が使い勝手のいい施設を相次いで供給するようになり、所有と使用の分離が一気に加速した

2000年代まで

メーカー
卸
倉庫会社
トラック運送会社

写真出典)
上　三井倉庫ホームページ
下　西濃運輸ホームページ

2000年代以降〜

物流不動産会社
外資系
日系

写真出典)
上　ラサール不動産投資顧問
下　三菱地所ホームページ

メリットの多い外注化
だが、見直しの動きも

　従来、物流施設内での入荷から出荷までの業務は自社で運営するのが主流でした。しかし近年では、業務の一部や全体を他社にアウトソーシング（外注化）する動きが活発化しています。

　物流施設そのものは自社保有、運営はアウトソーシング、施設は外部のものを賃借、運営も外部リソースを活用、など、さまざまなパターンがあります。物流会社や人材派遣会社などが、庫内オペレーションの外注化の受け皿として機能しています。

　アウトソーシングには、作業スタッフの採用や管理といった手間の掛かる業務から解放される、メーカーなら生産活動、小売業なら販売活動といったコア（本業）業務に専念できる、などのメリットがあります。また、経済情勢の変化の激しい時代において、自社の物流のあり方を臨機応変に見直せるよう身軽にしておくという意味でも、アウトソーシングは有効と言えます。

　ただしその一方で、物流施設でのオペレーションの管理ノウハウを習得できない、業務委託先への支払いコストが自社運営コストよりも割高な可能性がある、といったデメリットもあります。そのため、庫内業務をアウトソーシングすることは、必ずしも正しいとは言えません。

　実際、一度は外注化に舵を切ったものの、一定期間のコスト検証などに基づいて、自社運営体制に戻した物流施設も少なくありません。

物流施設での庫内オペレーション（入荷〜出荷）の一部または全部を外注化するケースが増えている

自社スタッフ
で
運営

メリット

- 運営コストを低く抑えられる
- 管理ノウハウが自社に残る
- 突発的な出荷依頼などに対応できる

メリット

- 物流以外の本業業務に専念できる
- 物量波動などに対して雇用を調整できる
- コストダウンを実現できる可能性がある

物流会社
（3PL）や
人材派遣会社に
アウトソーシング

8 -03 設備の高機能化や AI活用も並行

　物流施設では近年、入荷から出荷までの作業について「機械化・省人化」を推進することがトレンドの1つになっています。機械化は、作業を迅速に処理することで、受注の当日あるいは翌日といった短いリードタイムでの納品ニーズに応えるのが主な目的です。とくにEC向け業務を担当する物流施設ではその傾向が顕著になっています。

　マテハン機器の性能が、処理スピードなどで年々向上していることも、機械化の追い風となっています。従来は人手によって対応してきた工程にも、マテハン機器などを積極的に導入するようになってきました。

　機械化の進展を受けて、物流施設はハード面での高機能化を迫られています。マテハン機器を設置・稼働させるための十分なスペースと電力供給、設備の重量に耐えうる床荷重などを確保する必要があります。

　物流施設が機械化・省人化に取り組む背景は、慢性的な人手不足です。拘束時間が長く、肉体的な負荷が大きいにもかかわらず、賃金がそれほど高くないため、物流施設での仕事には、なかなか人が集まりません。人手での処理を機械での処理に置き換えることで、労働力不足に対処しています。

　機械化や省人化をより効果的なものにするため、AI（人工知能）の活用も本格化しつつあります。スタッフの作業時の行動履歴などをAIに学習させて、それを機械の動作などに反映させることで生産性を高めるといった試みが展開されています。

人手不足などを背景に、物流施設の「機械化・自動化」が進んでいる

日本通運の「NEX-Auto Logistics Facility」

日本通運は2020年にAIやIoT技術を活用したショールーム型物流施設「NEX-Auto Logistics Facility」を開設した
画像出典）日本通運ホームページ

佐川急便の「Xフロンティア」

佐川急便は2021年に次世代型大規模物流施設「Xフロンティア」をオープンした
写真出典）SGリアルティホームページ

Xフロンティアは、自動倉庫型ピッキングシステムや先進的ロジスティクスプロジェクトチーム「GOAL」の事務所やショールームを併設している

8 -04 物流施設にも、輸配送のトラックにもメリット

物流施設の周辺道路などで、長時間にわたって駐停車しているトラックを目にすることがあります。その多くは、物流施設での荷降ろしや荷積みの順番を待っているトラックです。もちろん、路上での駐停車は場所によっては違法行為です。こうした"荷待ち"トラックをなくそうと、敷地内に待機スペースを確保する物流施設も存在しますが、その数は未だ限られているというのが実情です。

従来、物流施設ではバースの利用を先着順にしているケースが少なくありませんでした。そのため、施設のオープン（始業）時間をめがけてトラックが殺到していました。これに対して、周辺道路の渋滞緩和や路上駐停車の解消、ドライバーの拘束時間短縮などを目的に、近年、物流施設での導入が加速しているのが「バース予約（管理）システム」です。

バース予約システムとは、バース（トラックが積み降ろしのために接車する設備。2-5参照）の利用時間帯をトラックごとに予め決めておくことで、物流施設への出入りを円滑にする仕組みです。

システムを通じて、バースの利用時間帯を割り振ったり、バースの空き状況を通知したりしておけば、トラックの到着を分散できるほか、トラックが出発時間を調整できるなど、無駄のない運行を実現できます。

バースの運用がスムーズになることで、物流施設側にも庫内業務を効率化できるメリットがあります。予約状況に応じた積み降ろし作業スタッフの最適配置や人数調整が可能になるからです。

バース予約システム

周辺道路の渋滞緩和や路上駐停車の解消、ドライバーの拘束時間短縮などを目的に、近年、物流施設ではが「バース予約（管理）システム」の導入が進んでいる

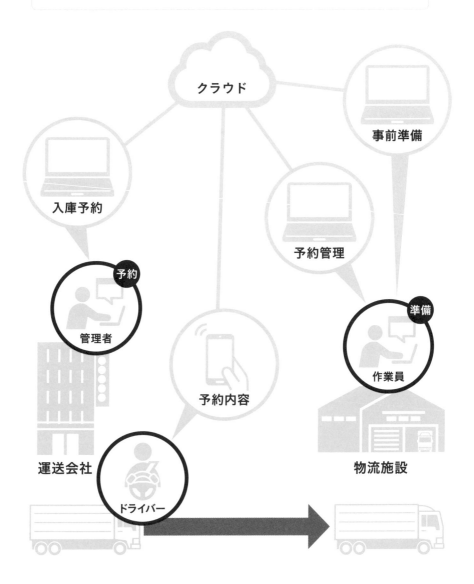

171

人が棚まで歩かなくても棚が人の前に移動してくる

入荷したモノを棚（ラック）に格納したり、出荷のために棚からモノを取り出し（ピッキング）したりする作業は、スタッフが対象の棚まで歩いていき、処理するのが一般的です。作業量や勤務時間にもよりますが、そうした格納やピッキングに従事するスタッフの1日当たりの歩行数は十数万歩、距離にして10キロメートル超に達することもあります。肉体的な負担はかなり大きいと言えるでしょう。

少子高齢化などを背景に、物流施設での労働力不足は年々深刻さを増しています。そんな中、働きやすい職場環境づくりや作業負荷の軽減、格納やピッキング業務の生産性向上などを目的に、近年、物流施設で導入が始まっているのが「移動棚ロボット」です。

移動棚ロボットは、物流施設の床面を走行するロボット（自動搬送車）が、棚の下に潜り込んで棚を持ち上げ、作業スタッフが配置されている場所まで運ぶという仕組みになっています。作業スタッフはロボットが目の前まで運んできた棚に格納やピッキングをするため、原則として歩行が発生しません。格納やピッキングすべき棚を間違える心配もなく、作業の精度も高まります。

移動棚ロボットの活用で先行しているのは、米国ネット通販最大手のアマゾンです。同社は日本においても複数の物流施設で移動棚ロボットを導入しています。佐川急便も2020年2月に稼働させた次世代型物流施設「Xフロンティア」に同様の仕組みを採用するなど、日本国内の物流施設で移動棚ロボットを目にする機会が増えています。

人の作業負荷を大幅に軽減する移動棚ロボット

物流施設の床面を走行するロボット（自動搬送車）が棚の下に潜り込んで、棚を持ち上げ、作業スタッフが配置されている場所まで運ぶ仕組み

ニトリの物流センター

家具チェーンのニトリは物流施設に移動棚ロボットを導入している
写真出典）GROUNDニュースリリース

アマゾンの物流センター

アマゾンは日本でも移動棚ロボットの活用で先行している
写真出典）アマゾンホームページ

人のいない夜間の 構内搬送が可能に

フォークリフトは物流施設内で効率よくモノを動かすのをサポートする荷役機器の１つです（3-5 参照）。操作するのは**フォークリフト運転免許**を取得しているスタッフですが、安全かつスピーディーに操作するには、この免許に加え、それなりの実務経験が必要とされます。しかし近年は、熟練したフォークリフト運転手の数が減少傾向にあります。

こうした人材難への対応や、ベテランのノウハウに依存しない庫内作業体制の確立を目指して、「無人フォークリフト」の開発・導入が始まっています。無人フォークリフトは、その名の通り無人（＝運転手なし）で動き、パレットに載ったモノの出し入れや上げ下ろし、構内搬送といった荷役作業を自動的に処理します。自動搬送車（AGV）の一種という位置づけです。

将来の需要拡大を見込んで、トヨタ L&F や三菱ロジネクストといったフォークリフトメーカーのほか、自動運転技術関連のスタートアップ企業などが、開発・販売に乗り出しています。日本通運や住宅設備機器メーカーのタカラスタンダードなど、物流現場での実用化に踏み切るケースも出始めています。

先行事例を見るかぎり、無人フォークリフトは主に夜間に活躍しているようです。物流施設が無人となる時間帯に、運転手を必要としない無人フォークリフトを動かして構内搬送や荷揃えを済ませることで、物流施設の稼働率を高めて、出荷作業の前倒しなどを実現しています。

運転手を必要としない「無人フォークリフト」

物流施設では主に夜間に活躍している。人手不足の解消につながる機器として導入するケースが相次いでいる

写真出典）日本通運ホームページ

写真出典）三菱重工業＆三菱ロジネクストホームページ

タカラスタンダードの福岡物流センターは無人フォークリフトを導入し、夕方以降の搬送作業などを自動化した
写真出典）タカラスタンダードホームページ

フォークリフト運転免許
労働安全衛生法で定められた講習の修了証。公道を走行する場合は別途、道路交通法で定められた自動車運転免許（小型特殊または大型特殊）が必要となる。

175

コンテナを天井まで隙間なく積み上げ、高い収納性

　ここ数年、物流施設での導入が盛んになりつつある自動倉庫システムがあります。ノルウェーのオートストア社が開発・販売する、ロボットを活用した自動倉庫システム「Auto Store」です。日本国内では家具のニトリをはじめ、コープさっぽろや百貨店の丸井グループ、大手物流会社などの物流施設で採用されています。オートストア社によれば、同システムは全世界で500件超、日本国内でもすでに40件超の導入実績があります。

　「Auto Store」は、設備内で高密度に収納された状態にあるコンテナをロボットが出し入れする、自動倉庫型ピッキングシステムです。格子状に組まれたグリッド（支柱と梁）上を走行する複数のロボット（電動台車）が、グリッド内に格納されているビン（専用コンテナ）を引き上げて、ポート（ピッキングステーション）まで搬送。ポートでは、搬送されてきたコンテナに対してスタッフがモノを取り出したり詰めたり（ピッキングと補充）する仕組みになっています。

　スタッフは物流施設内を歩き回らずに、ピッキングや補充の作業ができます。グリッド内ではビン（コンテナ）が隙間なく収納されるため、保管効率が上がります。通路や棚がなくなる分、従来の物流施設に比べ、保管や荷役で必要な床面積を75％削減できるとされています。ソフトバンクグループは2021年4月、「Auto Store」の技術力や将来性を評価し、オートストア社株式の約40％を28億ドル（3080億円）で取得しました。今後はアジア太平洋地域での販売を強化していく方針です。

ロボット自動倉庫とは

設備内で高密度に収納された状態にあるコンテナをロボットが出し入れする自動倉庫型ピッキングシステムを導入する物流施設が増えている

オカムラはオートストアの日本正規販売店として導入実績を上げている
写真出典）オカムラホームページ

AI活用で機能は格段の進化。課題は処理速度向上

　人間の手の代わりとなって、モノを掴んだり放したり、運んだりする機械の腕を「ロボットアーム」と言います。これまで製造現場などで活用されてきた産業用ロボットアームを、今後は物流施設でも導入していこうという動きが出始めています。モノを取り出す「ピッキング」の工程が主な対象です。ロボットアームを使ったピッキングシステムの導入は、機械による自動処理で人手不足を解消したり、作業の精度や生産性を高めたりすることを目的としています。

　ロボットアームは、モノを認識するためのカメラ（目）、モノを掴む・放すためのグリッパー（手・指）、動きを制御するためのソフトウエア（頭脳）などで構成されています。真空吸着などの技術を用いて、変形しやすいモノや異形のモノでも、ロボットアームは上手に掴むことができます。ケース（箱）に入ったさまざまなモノの中から、指示されたモノだけをつかみ取り、別のケースに移していくことでピッキング作業を処理します。

　従来はピッキングの対象になるモノの特性などを事前にロボットアームに認識させたり、マスターデータを登録したり、掴んだり放したりする行為を長期間にわたって訓練（ティーチング）したりする必要がありました。ところが、最新の機種では、AI（人工知能）に学習させた過去の動作データを基に、初めて処理するモノでもその特性を瞬時に判断し、最適な動作を実行できるなど、機能が格段に進化しています。目下の課題は、未だ人手よりも劣るとされるロボットアームの処理スピードを速めることにあるようです。

製造現場では使われてきたロボットアーム

ロボットアームを使ったピッキングシステムの導入は、機械による自動処理で人手不足を解消したり、作業の精度や生産性を高めたりすることを目的としている

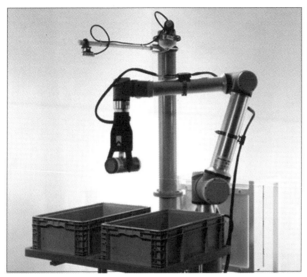

変形しやすいモノや異形のモノでもきちんと掴めるなどロボットアームの技術力は上がっている
写真出典）オカムラホームページ

人材不足を背景に、ケースやバラ単位のモノをロボットがピッキングする仕組みを採用する企業が増えつつある
画像出典）ダイフクホームページ

8
-09
オフィスやレジャー施設も ある「物流タウン構想」

　物流施設を大型化したり、広大な1カ所の用地に複数の物流施設を集積させたりするのに伴い、開発地一帯を「新たなまち」として捉えて、物流以外の機能も充実させていこうという試みが始まっています。物流施設で働く人々にとって必要な、コンビニなどの物販店や飲食店、保育園だけでなく、リモートワークが可能なオフィス施設や研究施設、トレーニング施設やランニングコースなども併設する"物流タウン構想"です。開発者は施設周辺の地域住民たちとの共生を目指しています。

　まちづくり型物流施設の代表例の1つに、三井不動産の「MFLP（三井不動産ロジスティクスパーク）船橋」があります。2013年から約8年かけて開発した同施設は、延べ床面積が計21万坪を超える3棟の超大型物流施設を中心に構成されています。物流施設のほかに、屋上テラス、ラウンジ、貸会議室、バーベキューやゴルフを楽しめるプライベートガーデンのほか、地域住民などにも開放する緑地空間（約6000坪）や保育施設を用意。さらに敷地内にはスポーツ施設としてアイススケートリンクも誘致しました。

　こうした物流施設を中心とした複合型施設の開発に、進出先である地方自治体も大きな期待を寄せています。新たに働く場所が提供されることは雇用の創出につながります。さらに、賑わいのある街が誕生することは人口増に向けた呼び水になります。また、物流施設は免震・耐震構造であるため、災害発生時の緊急避難先に適しているほか、救援物資を大量に備蓄できます。物流施設は自治体と防災協定を締結することで、地域との共生を実現しています。

物流タウンとは

まちづくり型大規模物流施設の開発・進出に、地方自治体も雇用面・防災面などで大きな期待を寄せている

三井不動産の「MFLP 船橋」

屋外テラス

ラウンジ

テナント企業で働くスタッフのための施設のほか、スポーツ施設なども併設している
写真出典）三井不動産ホームページ

アイススケートリンク

写真出典）三井不動産アイスパーク船橋ホームページ

181

新型コロナ禍に好調維持の物流業界に注目集まる

　物流施設を「土地」と「建物」で構成される不動産商品と捉えた場合、その価値は市場においてどのように評価されるでしょうか？

　証券化された不動産が売買されるリート（REIT）市場での物流施設の位置づけは、オフィスビル系や商業施設系の物件に比べ、リターン（利回り）の規模は小さいものの、長期間にわたって安定した収益を期待できる投資対象というものでした。

　市街地に立地するオフィスビル系や商業施設系の不動産は、その用地が経済情勢などによって値上がりする可能性があります。これに対して、物流施設、とくに郊外型の物流施設は、土地の価格上昇がそれほど見込めません。そのため、オフィスビル系や商業施設系のほうが、投機的（ギャンブル）な意味で人気が集まる傾向にありました。

　ところが、新型コロナ禍を機にそうした見方が変化しつつあります。リモートワークの普及で、オフィスビルには空室が目立つようになりました。商業系施設では外出規制や巣ごもり消費拡大の影響で集客力が低下し、テナントの撤退が相次いでいます。証券保有に対してリターンが見込めなくなりました。

　その一方で、物流施設はコロナ禍でも比較的安定した稼働を続けています。とくにECビジネスに関連したサービスや機能を提供している物流施設は好調です。不況や有事にも強いという特徴が改めて認識されたことで、投資対象としての物流施設の注目度が高まっています。

Ｊリートが取得する不動産はオフィス、住宅、商業施設等が中心だったが、近年は全体に占める物流施設の比率が高まっている

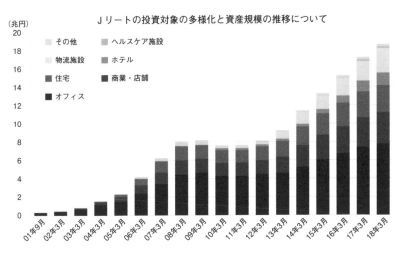

Ｊリートの投資対象の多様化と資産規模の推移について

（兆円）

凡例：
- その他
- 物流施設
- 住宅
- オフィス
- ヘルスケア施設
- ホテル
- 商業・店舗

2003年3月〜2018年3月
投資信託協会公表データ
2001年9月、2002年3月はARES推計値

（注1）「その他」は「オフィス」「商業・店舗」「住宅」「ホテル」「物流施設」以外の用途。
（注2）2009年3月以前の「ホテル」「物流施設」「ヘルスケア施設」は「その他」に含まれる。
　　　 2010年3月〜2016年3月の「ヘルスケア施設」は「その他」に含まれる。

出典）国土交通省資料

物流特化型 J-REIT

上場日	銘柄
2005年5月	日本ロジスティクスファンド投資法人
2012年12月	GLP投資法人
2013年2月	日本プロロジスリート投資法人
2016年2月	ラサールロジポート投資法人
2016年8月	三井不動産ロジスティクスパーク投資法人
2017年9月	三菱地所物流リート投資法人
2018年2月	CREロジスティクスファンド投資法人
2018年9月	伊藤忠アドバンスロジスティクス投資法人
2019年12月	SOSiLA物流リート投資法人

物流施設特化型リートも増えつつある

参考文献リスト

書籍・雑誌等
◎知識ゼロからわかる物流の基本　刈屋大輔（ソシム）

統計資料等
◎日本ロジスティクスシステム協会　https://www1.logistics.or.jp
◎国土交通省　https://www.mlit.go.jp/
◎一五不動産情報サービス　https://www.ichigo-re.co.jp

写真データ等
◎アルプス物流　https://www.alps-logistics.com
◎ ESR　https://www.esr.com/jp/
◎上組　https://www.kamigumi.co.jp
◎富士物流　https://www.fujibuturyu.co.jp
◎エスライングループ　http://sline.co.jp
◎福山通運　http://corp.fukutsu.co.jp
◎三井不動産　https://www.mitsuifudosan.co.jp
◎西濃運輸　https://www.seino.co.jp
◎国土交通省　https://www.mlit.go.jp/
◎東京都大田区　https://www.city.ota.tokyo.jp/index.html
◎沖縄ヤマト運輸　https://www.okinawayamato.co.jp
◎佐川急便　https://www.sagawa-exp.co.jp
◎ロジランド　https://logiland.co.jp
◎ SBS ロジコム　https://www.sbs-logicom.co.jp
◎ JR 西日本不動産開発　https://www.jrwd.co.jp
◎マルハニチロ物流　https://www.logi.maruha-nichiro.co.jp
◎大和ハウス工業　https://www.daiwahouse.co.jp
◎プロロジス　https://www.prologis.co.jp
◎ニッコンホールディングス　http://www.nikkon-hd.co.jp
◎日本梱包運輸倉庫　https://www.nikkon.co.jp
◎大和物流　https://www.daiwabutsuryu.co.jp
◎ SBS リコーロジスティクス　https://www.sbs-ricohlogistics.co.jp
◎野村不動産　https://www.nomura-re.co.jp
◎日本自動車ターミナル　https://www.j-m-t.co.jp
◎センコー　https://www.senko.co.jp/jp/
◎オリックス　https://www.orix.co.jp/grp/
◎日東工業　https://www.nito.co.jp
◎東京電力エナジーパートナー　https://www.tepco.co.jp/ep/
◎日本 GLP　https://www.glp.com/jp/
◎東北アルフレッサ　https://www.tohoku-alfresa.co.jp
◎ NTT ロジスコ　https://www.nttlogisco.com
◎ハマキョウレックス　https://www.hamakyorex.co.jp
◎ホクショー　https://www.hokusho.co.jp

◎ダイフク　https://www.daifuku.com/jp/
◎村田機械　https://www.muratec.jp
◎トヨタ L&F（豊田自動織機）　http://www.toyota-lf.com
◎住友ナコフォークリフト　https://www.sumitomonacco.co.jp
◎スカイシア（正和工業）　https://www.skyxia.jp
◎ダイキン工業　https://www.daikin.co.jp
◎ SG ホールディングス　https://www.sg-hldgs.co.jp
◎サトー　https://www.sato.co.jp
◎日本包装機械　http://www.light-nhk.co.jp
◎シライ　http://www.shirai-co.com
◎タナックス　https://tana-x.co.jp
◎関通　https://www.kantsu.com
◎ニチレイロジグループ　https://www.nichirei-logi.co.jp
◎シーネット　https://www.cross-docking.com
◎ SBS ホールディングス　https://www.sbs-group.co.jp
◎日立物流　https://www.hitachi-transportsystem.com/jp/
◎西多摩運送　https://www.nishitama-unsou.co.jp
◎丸運　https://www.maruwn.co.jp
◎ヤマト運輸　https://www.kuronekoyamato.co.jp/ytc/corp
◎日通商事　https://www.nittsushoji.co.jp
◎ヤマトホールディングス　https://www.yamato-hd.co.jp
◎ユーピーアール　https://www.upr-net.co.jp
◎日本通運　https://www.nittsu.co.jp
◎豊田自動織機　https://www.toyota-shokki.co.jp
◎清和ビジネス　https://www.seiwab.co.jp
◎三井倉庫　https://www.mitsui-soko.com/company/group/msc/
◎ラサール不動産投資顧問　https://www.japan.lasalle.com
◎三菱地所　https://www.mec.co.jp
◎ SG リアルティ　https://www.sg-realty.co.jp
◎ GROUND　https://groundinc.co.jp
◎アマゾンジャパン　https://amazon-press.jp/
◎三菱重グループ　https://www.mhi.com/jp
◎三菱ロジネクスト　https://www.logisnext.com
◎タカラスタンダード　https://www.takara-standard.co.jp
◎オカムラ　https://www.okamura.co.jp
◎シーアールイー　https://www.cre-jpn.com/
◎データビジネスサプライ　https://www.dbs.co.jp
◎日本エアーテック　https://www.airtech.co.jp
◎三井不動産アイスパーク船橋　https://mf-ice.com/

順不同

あとがき

　本書は、シリーズ前書の『物流の基本』と同様、物流企業への就職を目指す学生さんや、物流・ロジスティクス部門に配属されたばかりの社会人の方々などを対象にした「初学者向けの教科書」です。前書が物流全体をカバーしているのに対し、本書は「物流センター（物流施設）」にテーマを絞りました。

　仕事柄、物流業界のニュース記事を書いたり、読んだりする機会が多いのですが、ここ数年は物流施設の着工や竣工を伝える記事が明らかに増えています。築30～40年が経過して老朽化の進んだ物流施設が建て替え時期を迎えていること、EC市場の成長で物流需要が急拡大していることなどを背景に、物流施設の新設ラッシュが続いているためです。

　記者になって初めて物流施設のニュース記事を読んだとき、何が書いてあるのか、内容がさっぱりわかりませんでした。延べ床面積？　床荷重？　バース？　ラック？　垂直搬送機？　ピッキング？……。恥を忍んで先輩記者にそれぞれの言葉の意味を聞き、丁寧に解説してもらった記憶があります。本書は、当時の私のような初学者の皆さんにとって、用語辞典的な役目を果たせれば、という思いで執筆しました。より具体的なイメージが湧くように、文字だけでなく、図解にも多くのページを割きました。

　本書の出版の機会を与えてくださったのは、ソシム株式会社の中村理編集部長です。企画から編集の一連の業務では、前書に引き続き、編集者の根村かやの氏に長期間にわたって多大なご支援をいただきました。当初の予定よりも発刊の時期がずれ込んでしまうなど、両氏にはたいへんご迷惑をお掛けしました。また、取材や写真データの提供では、多くの物流関連企業の皆様にご協力をいただきました。この場を借りて、感謝の意を表します。

2021年8月　刈屋大輔

索　引

著者略歴

刈屋 大輔 (かりや　だいすけ)

青山ロジスティクス総合研究所代表。1973年生まれ、青山学院大学大学院経営学研究科博士前期課程修了。物流専門紙「輸送経済」記者、物流月刊誌「ロジスティクス・ビジネス」副編集長などを経て、独立。主な著書に『知識ゼロからわかる物流の基本』(ソシム)、『ルポ　トラックドライバー』(朝日新聞出版)がある。

連絡先　info@aoyama-logi.co.jp

■企画・編集　　　　根村 かやの
■ブックデザイン　　河南 祐介（FANTAGRAPH）
■DTP・図版作成　　有限会社 ケイズプロダクション

知識ゼロからわかる
物流センターの基本

2021 年 10 月 3 日 初版第 1 刷発行

著　者　　刈屋 大輔
発行人　　片柳 秀夫
発行所　　ソシム株式会社
　　　　　https://www.socym.co.jp/
　　　　　〒101-0064 東京都千代田区神田猿楽町 1-5-15　猿楽町 SS ビル 3F
　　　　　TEL　03-5217-2400（代表）
　　　　　FAX　03-5217-2420
印　刷　　音羽印刷株式会社

定価はカバーに表示してあります。
落丁・乱丁は弊社編集部までお送りください。送料弊社負担にてお取り替えいたします。
ISBN978-4-8026-1336-1
©2021 刈屋 大輔
Printed in JAPAN